中国传统文化意象及其再生

尹泓 著

四川大学出版社

图书在版编目（CIP）数据

中国传统文化意象及其再生 / 尹泓著. -- 成都：四川大学出版社，2025.5
ISBN 978-7-5690-6291-5

Ⅰ.①中… Ⅱ.①尹… Ⅲ.①中华文化－研究 Ⅳ.①K203

中国国家版本馆CIP数据核字（2023）第175882号

书　　名：中国传统文化意象及其再生
　　　　　Zhongguo Chuantong Wenhua Yixiang ji Qi Zaisheng
著　　者：尹　泓

选题策划：李　梅　梁　平
责任编辑：李　梅
责任校对：陈小雨
装帧设计：裴菊红
责任印制：李金兰

出版发行：四川大学出版社有限责任公司
　　地址：成都市一环路南一段24号（610065）
　　电话：（028）85408311（发行部）、85400276（总编室）
　　电子邮箱：scupress@vip.163.com
　　网址：https://press.scu.edu.cn
印前制作：四川胜翔数码印务设计有限公司
印刷装订：四川五洲彩印有限责任公司

成品尺寸：170 mm×240 mm
印　　张：11.25
字　　数：212千字

版　　次：2025年5月 第1版
印　　次：2025年5月 第1次印刷
定　　价：68.00元

本社图书如有印装质量问题，请联系发行部调换

版权所有 ◆ **侵权必究**

扫码获取数字资源

四川大学出版社
微信公众号

前　言

二十世纪九十年代以来关于文化意象的研究主要存在于译介学领域。对文化意象的翻译成为语际意义准确传递的难题，这表明文化意象对文化、语境具有强烈的依赖性，这一特性为文化意象应用的实践探索提供了理论依据。在共时的层面，这种语境依赖使文化意象具有保存文化个性的优势。在历时的维度，文化意象对文化的依赖使其具有文化传承与建构文化认同的功能。

目前学术界关于文化意象的理论研究以讨论翻译技巧为主，对这一概念的内涵缺乏深入的分析与界定。关于文化意象应用实践的研究多在不同层面展开，涉及多个学科、领域，视角和方法多样。各领域的研究都积累了丰硕的成果，但整体上看，尚缺乏对这些研究成果的系统分析。

本书立足于与文化意象相关的已有研究，将文化意象置于与象、意象、文化形象、文化符号、文化元素、文化心理、文化原型、文化精神等相关概念的关系中，分析文化意象的内涵，建构文化意象的概念。通过对当代文化产业各个领域转化利用中国传统文化意象的实践的分析，结合相关理论与当代文化消费的发展趋势，探讨中国传统文化意象的再生路径。

本书共分为四章。

第一章是关于文化意象的研究。本章首先梳理文化意象与象、意象的关系，提出文化意象是文化的提喻的观点；其次以文化意象与文化的关系为中心，分析文化意象的表意结构及其与相关概念的关系；最后分析文化意象的整体性及其价值。

第二章是关于中国传统文化意象的研究。本章首先分析意象与中国传统的尚象思维、意象审美的关系，其次分析中国传统文化意象的概念及其主要类型，最后梳理中国传统文化意象在当代文化产品中的存在形态。

第三章是关于中国传统文化意象当代意义的研究。本章首先梳理中国传统文化在二十世纪社会转型过程中的发展经历，其次分析全球化时代中国传统文化对当代社会的价值,最后分析中国传统文化意象对当代文化产业发展的意义。

第四章是关于中国传统文化意象再生路径的探讨。本章首先分析"再生"的内涵及其必然性与必要性;其次运用符号学的框架,从所指层、能指层与语境层三个方面探讨中国传统文化意象的再生路径。

目　录

第一章　文化意象略论 …………………………………………（1）
　第一节　文化意象的概念 ……………………………………（1）
　　一、文化意象的提出及其悖论 ………………………………（1）
　　二、文化意象的内涵 …………………………………………（3）
　第二节　文化意象的结构 ……………………………………（11）
　　一、文化意象的表意结构 ……………………………………（11）
　　二、文化意象的家族结构 ……………………………………（14）
　　三、文化意象的整体性 ………………………………………（17）

第二章　中国传统文化意象 ……………………………………（22）
　第一节　意象与中国文化传统 ………………………………（22）
　　一、文化传统与传统文化 ……………………………………（22）
　　二、意象与中国文化传统 ……………………………………（23）
　第二节　中国传统文化意象的概念、类型 …………………（26）
　　一、中国传统文化意象的概念 ………………………………（26）
　　二、中国传统文化意象的类型 ………………………………（27）
　第三节　中国传统文化意象的当代形态 ……………………（29）
　　一、从中国风到新国潮 ………………………………………（29）
　　二、中国风与中国元素 ………………………………………（30）
　　三、中国影像 …………………………………………………（38）
　　四、中国乐舞 …………………………………………………（43）

第三章　中国传统文化意象的当代意义 ………………………（47）
　第一节　中国传统文化的现当代演进 ………………………（47）
　　一、社会转型与文化传统遭遇的危机 ………………………（47）
　　二、现代性焦虑与文化寻根 …………………………………（53）

三、传统文化的全面复兴……………………………………（62）
　第二节　中国传统文化复兴的时代机遇………………………（69）
　　一、国际政治领域的文化软实力……………………………（70）
　　二、知识经济时代的经济文化一体化………………………（72）
　　三、全球化时代的文化安全…………………………………（74）
　第三节　中国传统文化意象的产业价值………………………（77）
　　一、我国文化产业的发展现状………………………………（77）
　　二、中国传统文化意象与当代文化产业……………………（81）

第四章　中国传统文化意象的再生…………………………………（84）
　第一节　"再生"论………………………………………………（84）
　　一、"再生"的内涵……………………………………………（84）
　　二、"再生"的必然性与必要性………………………………（87）
　　三、"再生"的路径……………………………………………（90）
　第二节　意义生产的故事化……………………………………（90）
　　一、意义的开放性……………………………………………（91）
　　二、意义生产与故事化………………………………………（95）
　　三、故事化的路径……………………………………………（104）
　第三节　意义呈现的景观化……………………………………（117）
　　一、景观与叙述………………………………………………（117）
　　二、景观社会的景观生产……………………………………（122）
　　三、景观生产的类型…………………………………………（126）
　　四、景观化与故事化的冲突…………………………………（141）
　　五、景观化与故事化的和解…………………………………（146）
　第四节　意义接受的场景化……………………………………（154）
　　一、场景源流与场景的概念…………………………………（155）
　　二、场景的特征与价值………………………………………（158）
　　三、场景的设计与生产………………………………………（161）

参考文献………………………………………………………………（167）

后　　记………………………………………………………………（171）

第一章 文化意象略论

第一节 文化意象的概念

文化意象是一个内涵复杂、外延宽泛的概念，目前学术界对这个概念尚未形成统一的认识。本书从已有的相关研究出发，通过对相关概念的溯源与理论分析，提出"文化意象是文化的提喻"的观点，运用符号学的方法对文化意象的表意结构进行分析，探讨文化意象家族的构成及其特征。

一、文化意象的提出及其悖论

（一）文化意象的提出

文化意象的概念最早出现于二十世纪九十年代。王世达、陶亚舒在1991年发表的《文化意象论》一文，按照存在形态将文化分为显型文化与隐型文化，认为文化意象是凝聚着人们的认知、情感、价值观念等文化属性的载体，是特定文化中人的文化心理结构，属隐型文化。对文化意象的研究，就是对人的文化心理结构、文化精神现象的研究。该文认为，可以从价值形态、结构形态、阐释形态三个方面对文化意象进行分析[1]。两人后来的研究继续深化了这一观点，"人类的文化—心理结构就是以'自我—社会—理想'为中心构建的意象价值形态和以'原始意象—背景意象—自觉意象'为线索构建的意象结构

---

[1] 王世达、陶亚舒：《文化意象论》，《上海社会科学院学术季刊》，1991年第3期。

形态的意象结构体。"① 这种将文化意象等同于文化心理的观点，在文化学研究领域具有一定的代表性，形成了关于特定群体文化意象研究的范式。但是，大部分关于文化意象的研究，实质与中国古典诗学的主客观一体化的"意象"相似，如石守谦在研究东亚文化意象时，将其描述为"心中可感的形象"。②

此后，文化意象的概念也出现在译介学领域。1999 年，谢天振在《译介学》一书中提出文化意象的概念，在对其进行解释的同时，列举了大量的例子进行说明。"文化意象大多凝聚着各个民族的智慧和历史文化的结晶，其中相当一部分文化意象还与各个民族的传说，以及各个民族初民时期的图腾崇拜有密切的关系。在各个民族漫长的历史岁月里，它们不断出现在人们的语言里，出现在一代又一代的文艺作品（包括民间艺人的口头作品和文人的书面作品）里，它们慢慢形成一种文化符号，具有了相对固定的、独特的文化含义，有的还带有丰富的、意义深远的联想，人们只要一提到它们，彼此间立刻心领神会，很容易达到思想的沟通。"③ 由于语境的变化，文化意象在从一种语言向另一种语言的转移过程中，意义很难得到完整而准确的表达。文化意象的翻译成了译介学领域的一大难题，"归化"与"异化"的翻译策略与具体文化意象的翻译，一直是译介学领域相关研究关注的焦点。

（二）文化意象的悖论

文化意象概念的提出也引发了关于文化意象与意象关系的争论。如刘华文认为，"意象"属于中国文化独有的诗学范畴，翻译理论话语中的"文化意象"强调了源语和目的语所处的不同文化背景，增加了"意象"的文化区别性，但"文化"这个修饰成分的添加也势必带来负面影响："意象"的外延被最大限度地扩大，直至无所不包，必然导致"意象"原本的诗意内涵的消解。④ 王明明认为谢著没有比较文化意象与传统意象，导致文化意象与传统意象的混淆。⑤ 张玮强调意象与文化意象之间的区别，认为文化意象作为一种文化符号，携带着相对固定的文化含义，很容易实现思想沟通。与文学性的"意象"概念不同，文化意象以具有特定意味的文化背景和文化内涵替代了"意象"的诗意内

---

① 王世达、陶亚舒：《中国当代文化理论的多维建构》，华龄出版社，2007 年，第 173 页。
② 石守谦：《移动的桃花源：东亚世界中的山水画》，生活·读书·新知三联书店，2021 年，第 9 页。
③ 谢天振：《译介学》，上海外语教育出版社，1999 年，第 180~181 页。
④ 刘华文：《"文化意象"：对"意象"的一种消解》，《文景》，2005 年第 12 期。
⑤ 王明明：《再谈"文化意象"》，《湛江师范学院学报》，2007 年第 5 期。

涵。如果说文学性的"意象"是指艺术典型的话，那么文化意象强调的则是这个"典型"所象征的文化区别性。①

学者的观点多在强调意象与文化意象的区别，意象是文学的，文化意象是意象由文学、艺术向文化的扩张，其外延大于意象。如张伯伟认为，如果意象的"意义超越了简单的指涉，还包含了价值判断、立场抉择等更为深刻的内涵，其使用者的范围也超越了一时一地，甚至跨越了不同的艺术门类，这样的意象就可以称作'文化意象'"。② 从概念的逻辑关系上看，意象是文化意象的核心词，文化是对意象的限定，意象应当包含文化意象。这种认知与逻辑的背离使文化意象这一概念存在一个悖论。

二、文化意象的内涵

从语言与逻辑的角度，可以将"文化意象"一词分解为象、意象、文化意象三个序列，从象到文化意象是一个概念外延不断缩小的过程。

（一）"象"与意象的源流

1. 中国文化中的"象"与意象

（1）"象"之四义

中国文化中的"象"有四个义项，四者之间存在由实物到抽象的渐进关系。

第一，动物名的"象"。"象"字最早见于甲骨文，其字形像大象的形状，《说文解字》释"象"："南越大兽，长鼻牙，三年一乳，象耳牙四足尾之形。"③ 从源头上看，动物名是"象"的本义。

第二，形状、相貌、物象、事象。《周易·系辞》云，"见乃谓之象"④，凡形于外者都称为"象"，包括自然的物象、事象，以及对这些"象"进行抽象加工改造而成的类象。《老子》《庄子》《易经》《诗经》中都有大量的事象、物象。《易经》中的"象"是用各种相应合适的物象表达出来的卦象，如用

---

① 张玮：《中外文化意象的传播与异化》，《新闻知识》，2009 年第 5 期。
② 张伯伟：《东亚文学与绘画中的骑驴与骑牛意象》//石守谦、廖肇亨：《东亚文化意象之形塑》，允晨文化实业股份有限公司，2011 年，第 274 页。
③ [汉] 许慎：《说文解字注》，[清] 段玉裁注，上海古籍出版社，1981 年，第 459 页。
④ 《周易正义》，[魏] 王弼等注，[唐] 孔颖达等正义//《十三经注疏（上）》，上海古籍出版社，1997 年，第 82 页。

"乾"来指天，《乾·象》曰："大哉乾元，万物资始，乃统天。"① 至于为什么用"象"来表示物象、形象，胡适曾经推测应当与"相"有关："象字古代大概用'相'字。《说文》：'相，省视也。从目从木。'目视物，得物的形象，故相训省视。从此引申，遂把所省视的对象也叫做'相'。后来相人术的相字，还是此义。相字既成专门名词，故普通的形相，遂借用同音的'象'字。引申为象效之意。"②

第三，想象、模仿、效法等人类活动。"象"作为人类活动的这个义项在古代文献中大量存在。魏张揖《广雅·释诂》曰："象，效也。"唐陆德明《经典释文》曰："象，拟也。""象"所指代的这种人类活动实质上与前述作名词的"象"密切相关。首先，想象即源自动物的"象"。《韩非子·解老》篇云："人希见生象也，而得死象之骨，案其图以想其生也，故诸人之所以意想者皆谓之象也。"③ 这大致解释了"象"从动物的"象"到想象活动的演变，也表明当时"象"已由动物名衍生为一种人类思维活动。其次，模仿、效法源自一种名为"象"的舞蹈。《礼记·明堂位》："升歌清庙，下管象，朱干玉戚，冕而舞大武。"④《礼记·内则》："十有三年，学乐诵诗，舞勺。成童，舞象，学射御。"⑤"象"是一种来自南方的舞蹈。《吕氏春秋·古乐》介绍了其中音乐的来源："商人服象，为虐于东夷，周公遂以师逐之，至于江南，乃为三象，以嘉其德。"⑥ "象"为南越大兽，当地人模仿"象"的舞蹈，以其命名。由此，这种对"象"的模仿普遍化为模仿、效法之意。

第四，"象"与"像"。"象也者，像也"⑦，《周易·系辞》认为二者具有同一性。段玉裁认为这是汉字造字方法中的假借："古书多假象为像。人部曰：像者，似也；似者，像也。像从人，象声。许书一曰指事，二曰象形，当作像形。全书凡言象某形者，其字皆当作像。而今本皆从省作象，则学者不能通矣。《周易·系辞》曰：'象也者，像也。'此谓古《周易》象字即像字之假借。

---

① 《周易正义》，[魏] 王弼等注，[唐] 孔颖达等正义//《十三经注疏（上）》，上海古籍出版社，1997年，第14页。
② 胡适：《中国哲学史大纲》，东方出版社，1996年，第69页。
③ [清] 王先慎：《韩非子集解》，钟哲点校，中华书局，1998年，第148页。
④ 《礼记正义》，[汉] 郑玄注，[唐] 孔颖达等正义//《十三经注疏（下）》，上海古籍出版社，1997年，第1489页。
⑤ 《礼记正义》，[汉] 郑玄注，[唐] 孔颖达等正义//《十三经注疏（下）》，上海古籍出版社，1997年，第1471页。
⑥ 许维遹：《吕氏春秋集释》，中国书店，1985年，第191~192页。
⑦ 《周易正义》，[魏] 王弼等注，[唐] 孔颖达等正义//《十三经注疏（上）》，上海古籍出版社，1997年，第87页。

《韩非》曰：'人希见生象，而案其图以想其生。故诸人之所以意想者皆谓之象。'似古有象无像。然像字未制以前，想像之义已起。故《周易》用象为想像之义。"①"像"即是"似"，这个义项实质上与模仿相关，是对相似性的寻求，这又类似于诗的比兴。"案其图以想其生""意想"都涉及人类的想象。作为人类思维活动，模仿与比兴都与物的相似性相关，模仿追求相似，比兴则缘于相似，而想象则是二者的心理基础。如《易》中的卦、爻辞不仅是"象"，也是比兴。孔颖达《周易正义》指明了二者的联系："凡易者，象也，以物象而明人事，若《诗》之比喻也。"②

除了具体的动物名，与"象"相关的人类活动从"目之所及"之物，到行动的模仿、想象，乃至对理性的抽象对象的追求，揭示了人类认知活动由感性向理性、由浅入深、由表及里的发展规律。

（2）从"象"到意象

"意"的加入使"象"的内涵在意义的向度更加丰富。从"象"所指涉的人类想象、模仿活动来看，其内在包含了"意"，作为会意字的"意"即主体的心音、愿望、意图。在"象"的认知活动过程中，不仅仅是直接的目视之物，也有对物象的意义的把握，以及在此基础上进行的分类，"触类可为其象，合义可为其征"（《周易略例·明象》）指的就是这个"触类合征，以成识见"的过程。显然，这种高级的思维活动本身是离不开"意"的。

在与文学艺术相关的审美领域，意象是审美活动中审美主体对审美客体的艺术再现，映现主体对取象（客体）的情感移入。"立象以尽意"，中国文化中的意象最早见于《周易·系辞》。汉代王充首次将"意"与"象"合二为一，《论衡·乱龙》云："夫画布为熊麋之象，名布为侯，礼贵意象，示义取名也。"③ 这里以"熊麋之象"象征侯的威严，意象与形象没有明显的区分。南朝时刘勰正式将意象引入审美领域，从艺术创作的过程来探讨意象。意象是在创作储备过程中出现的、内在的、具有高度凝聚性的心理存在，艺术创作的关键就在于对意象的观照与直觉，"独照之匠，窥意象而运斤；此盖驭文之首术，谋篇之大端"（《文心雕龙·神思》）。刘勰充分肯定了意象对艺术创作的重要意义，同时也注意到构思和表现、审美意象和艺术形象的矛盾，以及在审美意象的生成中，意象与神思、情志、言辞等错综复杂的关系，"规矩虚位，刻镂无

---

① 《说文解字注》，[清]段玉裁注，上海古籍出版社，1981年，第459页。
② 《周易正义》，[魏]王弼等注，[唐]孔颖达等正义//《十三经注疏（上）》，上海古籍出版社，1997年，第18页。
③ 黄晖：《论衡校释》，中华书局，1990年，第705页。

形","密则无际，疏则千里"，审美意象的生成消融了各种因素的带有流动性与模糊性的心理过程。《文心雕龙》是中国古典美学意象理论的肇始，此后意象理论在不同的艺术创作理论与实践领域都得到了发展：唐人书论对意象作了充分探讨；宋人将意象理论扩大到绘画、诗歌、人物品评等领域；明清的意象理论关注诗歌领域，审美意象是王夫之诗学思想的核心，何景明在《与李空同论诗书》中论及意与象的关系："夫意象应曰合，意象乖曰离，是故乾坤之卦，体天地之撰，意象尽矣。"[①] 清代在一定程度上继承了明代意象论。总之，意象由诗学发展到各门艺术，生成了音乐意象、戏剧意象、舞蹈意象、书法意象、美术意象、建筑意象等，是中国古典美学的核心概念。

2. 西方文化中的意象

意象在英语中通常译为 image（有时也译为 imagery），其常用意义为形象、印象、图像。这种观点与西方文化对意象的认知有关。英语中的 image 源于拉丁语 imago，与 imitation、imagination 是同源词，原意为摹拟、重复。拉丁语 imago 源自古希腊语 eidolon，其核心词为 idol，指多神教时期希腊人根据神灵形象制作的画像或雕像。

西方文化对意象与人类认知活动的关系可上溯到古希腊的德谟克利特，他将意象的生成视为人类认知事物的感性阶段，认为"物体的表面分泌出微细的液粒，通过空气影响人的感官，才使人得到物体的'意象'"[②]。意象的这一西方源头使其与具体的形象、初级的人类认知活动密切相关。国外的 image 研究通常着眼于形象、印象、图像层面的"象"。例如，Kevin Lynch 的 *The Image of the City* 一书就以探讨城市景观的构成要素为核心，聚焦城市之"象"。该书中译本的书名也耐人寻味：项秉仁译本的书名为《城市的印象》，方益萍、何晓军译本的书名为《城市意象》。从"印象"到"意象"，体现了译者试图贴近中国文化语境的努力，但联系著作内容，译为"印象""形象"似乎更切合作者本意。中西方文化的认知差异，使 image 这一英译难以准确传递意象在中国文化中的全部意义，为解决这一问题，有学者造出"image-idea"来替代中文的"意象"。[③]

意象由感性认识进一步向前发展需要想象力的加持。康德认为，审美意象

[①] 《何大复集》，李淑毅等点校，中州古籍出版社，1989 年，第 575 页。
[②] 朱光潜：《西方美学史（上）》，商务印书馆，2011 年，第 38 页。
[③] ［美］顾明栋：《原创的焦虑：语言、文学、文化研究的多元途径》，南京大学出版社，2009 年，第 73 页。

即是想象力对最初的感性认识的加工，是想象力创造的理性观念的感性形象："我所说的审美的意象是指想象力所形成的一种形象显现，它能引人想到很多的东西，却又不可能由任何明确的思想或概念把它充分表达出来，因此也没有语言能完全适合它，把它变成可以理解的"。[1] 西方文化对审美意象生成的认知与中国文化有其相似性。

从上述关于意象源头的追溯中可以发现，作为源头的"象"实质上包含了意象、文化意象等相关概念的全部内涵。作为元概念的"象"，由动物名向事象、物象、类象的变迁，包含着人类的具象思维与抽象思维活动，"象"自身就含有对于"意"的经营。例如，《易》中的"观物取象"，实质上是对物的意义的提取与归纳，这个过程就是意义的生成过程。《周易·系辞》云："引而伸之，触类而长之，天下之能事毕矣。"[2]《易》"象""体万物之撰"，触类旁通，将大千世界的万物都涵盖进来。卦辞中大量的事象，都对应着明确的意义。由"象"到意象的衍变，实质上是对"象"中所包含的人类思维活动的突出与放大，意象在心理学、语言学、美学等领域的发展不过是人类思维活动在特定领域的对象化。因此，将意象等同于审美意象，是文化惯性塑造的认知偏差。

（二）意象与人类认知活动

从心理学的角度看，想象、模仿是人类的重要认知活动，也直接影响了语言的产生与发展。

1. 心理学领域的意象

心理学意义上的意象是与物象相对应的概念，也称心象或表象，是当前不存在的物体或事件的一种知识表征，来源于人类以自身经历为基础的心理建构。人类的心理活动是一个包含认识、情感、意志的复杂过程，感知是认识的起点。人类在感知过程中会将外界刺激贮存在大脑中，形成关于现实世界的心理图像与知识结构，即意象。在建构这种图像的活动中，主体主要通过知觉对客体进行抽象。格式塔心理学认为，这种抽象不是逻辑抽象，而是一种具象的抽象，是知觉对物象的一种积极的简化活动。"真正适宜于思维活动的'心理意象'，决不是对可见物的忠实、完整和逼真的复制。这种意象是由记忆机制

---

[1] 朱光潜：《西方美学史（下）》，商务印书馆，2011年，第433页。
[2] 《周易正义》，[魏] 王弼等注，[唐] 孔颖达等正义//《十三经注疏（上）》，上海古籍出版社，1997年，第80页。

提供的，记忆机制完全可以把事物从它们所在的环境（或前后联系）中抽取出来，加以独立地展示。"① 这种图像与现实的关系仅仅是一种像似，它更多地渗透着主体的个人经验以及社会文化因素的影响。"象应指外部客观事物进入人的主观世界过程的一种中介，而意是纯主观的，是人的想象与联想的内容。"② 意象的创造是感知觉经验在头脑中的重现、重组、概括和提升，这一过程贯穿着意的表达。

意象是一种心理图像，它只用来唤起回忆，"在心理学中，'意象'一词意味着对过去的感觉或直觉经验的精神重现或回忆，而并不一定诉诸于视觉"。③ 作为重要的信息存储与知识表征形式，意象在信息加工处理等认知活动中扮演着重要角色。当遇到某种类似的刺激，意识便会根据记忆搜索经验过的事物留下的图像，使其在头脑中重现，以完成认知活动。认知心理学认为，主体的知识结构在相当大的程度上决定着主体对外界事物的反应过程、策略和结果，作为认知活动中介的意象是现代认知心理学的研究热点。

2. 语言学领域的意象

意象与人类认知行为的关联在语言学领域表现为认知语言学对意象的关注。认知语言学认为，在外部客观现实世界与语言之间存在着认知这一中介，语言以认知为前提，认知先于语言。因此，支撑语言表达的认知方式成为认知语言学研究的中心问题。认知语言学将认知过程分为互动性体验、意象图式、范畴化、概念化、意义等过程。其中，互动性体验是认知活动的起点，包括对客观世界进行认知加工的感觉、知觉，以及在此基础上形成的表象。意象图式是认知活动的关键环节，是现实世界的刺激（表象）与主体的认知结构的统一体。作为意象，它是特定的感知经验在心智中的表征；作为图式，它又能够超越具体的认知活动，具有概括性、抽象性、结构性、规则性与无意识性。④ 基于现实的互动感知形成的意象图式，通过范畴化的概念建构来获得意义，再以语言的形式将意义固定下来。在认知活动中，意象图式将具体的感知经验转化为承载着意义的概念，为语言的产生奠定了基础。其中的意象活动既是人类心理的活动过程，也直接决定着意义与语言的产生。

---

① [美] 鲁道夫·阿恩海姆：《视觉思维：审美直觉心理学》，滕守尧译，光明日报出版社，1987年，第173页。
② 吕俊：《跨越文化障碍——巴比塔的重建》，东南大学出版社，2001年，第14页。
③ Rene Wellek, Austin Warren. *Theory of literature*. Penguin Books：1986, p.186.
④ 王寅：《认知语言学教程》，北京大学出版社，2021年，第135页。

（三）文化意象的概念

1. 从意象到文化意象

从概念的外延上看，文化意象是对意象外延的窄化。文化意象的概念强调了意象生成的文化因素，即意象的文化规定性。在"象"的层面，文化是"象"的底色，主体的文化身份及其所处的社会文化环境是"象"产生的基础。对意象而言，无论是诗学的意象、心理学的意象，还是语言学的意象，都有其产生的特定文化背景，因而意象本身具有文化的规定性。从这个意义上讲，意象就是文化意象。

尽管文化对"象"、意象有着天然的规定性，但是，从修辞与意义传达的视角看，文化意象却又具备"象"、意象所缺乏的独特性。文化意象将"象"的生成与意象活动的文化背景由幕后拉到前台，突显文化对意象的决定性意义，既强调了文化意象及其意义传达的整体性，也突出了文化意象对特定文化的价值。从内涵上看，文化意象与意象没有质的差异，二者的差异主要表现在背景的突出上，即突出意象生成的文化背景，进而强调意义的整体性与背景的独特性。文化意象对文化的强调，实质上是一种部分/整体、种/属之间的转义策略，是话语修辞中的提喻。

2. 提喻修辞与提喻认知

提喻（synecdoche）是一种基于部分/整体或种属关系的修辞手法，即不直接说某一事物，而是在包含关系中选取最具代表性的另一事物来替代的修饰方法。提喻对喻体的选择是对事物某些特征的提炼与抽象，只有那些最能体现这一事物某些本质特征的部分，才能被用来代替这一事物。例如谚语 Walls have ears（隔墙有耳）选取"耳"来指代"人"，因为这句谚语是要强调话语意外被听到的风险，而"耳"作为人唯一的听觉器官，具有典型性。"沉舟侧畔千帆过"，以"帆"指代"船"也是类似的用法。

提喻不仅是语言修辞方法，还是一种重要的认知与表意模式。从人类认知发展的角度看，人类对外部世界的理解过程在性质上是转义的，即把不熟悉的领域通过类比、联想等思维活动与自己熟悉的领域建构起联系。在这一过程中，比喻是主导的形式，文艺复兴时期的修辞理论将比喻形态概括为隐喻、换喻、提喻、反讽四种"主转义"。^① 维柯在《新科学》中将修辞理论与人类文化的发展联系起来，从诗性逻辑出发，将修辞格归结为隐喻、转喻、提喻和反讽四种模式，分别对应着神的时代、英雄时代、人的时代的人类文化循环。^②其中的隐喻基于差异中的相似性，转喻和提喻是对隐喻中差异与共性的进一步说明，二者要处理的是整体与部分、类属之间的关系，是隐喻的二级形式。转喻基于邻接关系，将整体还原到部分；提喻基于隶属关系，将部分、个体还原到整体；反讽是对隐喻的否定。这一序列对应人类文化的发展，后者对前者的否定以一种言语辩证法模式，解释了人类由兽性向人性的演变，形成了表义的四体演进模式。这种基于人类认知的话语修辞模式也成为众多人文社会科学研究追捧的原型理论。皮亚杰、弗洛伊德、格雷马斯、詹姆逊、卡勒、海登·怀特等在不同领域的研究中，都能看到四体演进模式的影子。

3. 文化意象是文化的提喻

无论是话语修辞，还是认知思维，提喻的逻辑基础是整体性。对喻体的选择、对整体的还原所依据的认知逻辑都是部分/整体与种/属关系，其背后都有一个共同的整体背景。文化意象通过外延限定对意象隶属的文化背景的强调，实质上是一种提喻的修辞术。其内在的机理是通过强化部分与整体的关系，推动认知活动从部分向整体、由个体向其类属还原，进而突出作为属的有机体的存在。因此，可以说文化意象是文化的提喻。提喻对部分与整体之间关系的强调，使整体成为决定部分意义生成的关键因素，文化直接决定了文化意象的意义。这也是文化意象成为跨文化交流中的理解障碍的首要原因。同时，文化意象对文化的强调，也使其成为标榜文化独特性的重要载体，在全球化时代，担当起文化身份认同建构、文化传播与传承的重要使命。关于文化意象的研究，实质上是关于文化意象与文化关系的研究。

---

① ［美］海登·怀特：《话语的转义——文化批评文集》，董立河译，大象出版社，2011年，第6页。
② ［意］维柯：《新科学》，朱光潜译，人民文学出版社，1986年，第175~177页。

第二节 文化意象的结构

一、文化意象的表意结构

符号学是研究意义的科学，符号的存在是为了传达不在场的意义，文化意象作为一个表意系统，其意义生成与文化的关系可以用符号学的方法进行分析。对符号可以从符号本体、符号交流实践两个层面来分析。

（一）符号本体

符号学研究建基于索绪尔的语言学理论。索绪尔的语言符号学认为符号是一个自足的微型结构，由能指（signifier）和所指（signified）两个部分构成。能指是物质形式与意义的载体，它由声音、图像、行为等承担，这些物质形式能够引发对于某种概念的联想。所指则是被联想到的概念，即符号的意义。所指通过具体的能指来呈现与表达。例如，"猫"这个符号的汉字形式与发音就是其能指，而这个字符与音响在接受者脑海中唤起的"猫"这种动物的形象，就是这个符号的所指。现象层的能指与意义层的所指共同构成了一个完整的"猫"的符号。索绪尔认为符号的现象层与意义层之间的联系是任意的、偶然的。"猫"这个汉字（视觉媒介）及 mao 的发音（听觉媒介）与一种自然界中的四足动物之间的对应关系具有一定的偶然性，这种关系形成后便具有确定性，成为约定俗成的符号。皮尔斯的广义符号学则拓展了索绪尔的研究视域，在能指、所指之外引入了解释项。在此基础上，根据能指（符号媒介）与所指（指代对象）的关系，将符号划分为像似符（icon）、指号符（index）、象征符（symbol）。像似符基于相似关系，指号符基于时间、空间、因果等方面的相关关系，象征符则基于共识的约定关系。语言符号通常被归于象征符，因为语词与对象之间的关系是基于共同体建立的规则和共识，具有鲜明的任意性特征。

但是，如果将语言符号置于跨文化交流的场景，符号媒介与指代对象之间的关系明显受到文化的影响，并不是任意的。文化决定了能指（符号媒介）的选择。例如，对于月亮这一天体的命名，中文用"月/yue"，英文用"moon [mun]"。汉字对于"月"这个符号媒介的选择是由汉字的文化系统决定的。六书造字系统作为汉字符号的生产规则，决定了符号表意过程中对于能指的选择。由于惯例思维的影响，文化的这种决定性不易察觉，当文化背景发生变化时，文化在意义表达时对于能指的选择的决定性影响便凸显出来，译介学领域中的公案"银河与牛奶路"就是典型例证。对于天空中星系的命名，不同文化的思维方式与审美趣味决定了对于能指的选择。在中国文化中，人们把夜空中那条发亮的星系组成的闪亮视觉形象称为"银河"。中国文化先天具有的农耕文明因子，决定了人们对于江河水系的依赖，因此先民将其想象为天空中的河就很自然了。至于为什么是银河，这种色彩大概与中国文化对另一天体太阳的金色认知相对应。基于这一认知习惯，产生了中国传统关于银河的众多想象，如"牛郎织女""鹊桥""仙槎"，等等。西方文化对这一视觉形象的认知却截然不同，其中的 Milky Way 与希腊神话密切相关，古希腊人认为这是一条连接众神聚居的奥林匹斯山与大地的路，因与仙后赫拉洒落的乳汁有关，故被命名为"牛奶路"。"Milky Way"与"银河"指向同一个所指，但在能指层面却存在着"河"与"路"的差异。"河"与"路"这两种形象显然不能互换，要想准确传达中西文化中的"银河"意象，必须联系更加广阔的文化背景。由于不同文化对于能指的选择具有差异，对于这些差异的辨别、弥合，以实现意义的准确传达就成为跨文化交流时意义传达的关键环节，这也是译介学领域出现文化意象的意义传达问题的根本原因。

文化还决定着所指的外延宽度。通常概念层的所指有着明确的指称对象，但文化的积累会使某些对象的内涵不断延展。如中国文化中的"诸葛亮"是一个人名，特指三国时期的历史人物，但与其相关的历史事件、文学作品、典故，使这个符号的所指远远超出了简单的人名。"诸葛亮"这个文化意象的意义必须置于中国的三国文化中才能得到最完整的解读。当其出现在谚语"三个臭皮匠，顶个诸葛亮"中时，其所指发生了转移，即指代"臭皮匠缺少的、诸葛亮拥有的某种特征"的人，而诸葛亮拥有的特征则要联系《三国演义》的故事进行阐释。所指的变化在跨文化交流中被突显出来。对于该谚语的翻译，"Even three common cobblers can surpass Zhu Ge Liang"转译了该谚语的能指；"Many heads are better than one"或"Collective wisdom is greater than a single wit"转译了该谚语的所指。语境的变化使能指与所指的分离问题浮出水面，也显示出文化对符号（文化意象）的决定意义，以及文化意象在符号本体层面的整体性与表义自足性。

（二）符号交流实践

符号的表意功能要通过具体的交流实践来实现，而这种实践活动又必须通过特定的文化语境。罗兰·巴尔特受索绪尔语言学理论的启发，提出了"神话"的概念。这里的"神话"是指特定语境的文化直接参与意义生产，生产出的新能指，它是在符号本体层面能指与所指的基础上进行的意义生产，即意指活动。罗兰·巴尔特认为，将能指与所指联系在一起的意指活动中，能指与所指通过不同的意指关系可以产生新的、更加丰富的意义。这种意指活动是一个多层交织的复杂系统，"一切意指系统都包含一个表达平面（E）和一个内容平面（C），这样我们就有表达式：ERC。现在我们假定，这样一个ERC系统本身也可变成另一系统中的单一成分，此第二系统因而是第一系统的延伸。这样我们就面对着两个密切相连但又彼此脱离的意指系统"[①]。简言之，ERC这种联结能指与所指的最简单的意指活动是意指系统的起点，它可以作为一个符号意义单元进入更高一层级的意指活动。在这一级的意指过程中，第一级的ERC可以构成第二级的表达层，也可以构成第二级的内容层。尽管这种意义网络层层叠加交错，但都可以区分为能指与所指，即表达与内容两个方面。对于意指系统也可以从这两个层面来分析，每一个层级的意指活动都可以分为能指与所指两个部分，能指是显在的，所指是内隐的。不同层级的意指活动的区分主要表现在层级高的能指与所指中包含了低一级的意指内容。在这种层级化的意义传递过程中，意识形态进入符号体系，构成了"语言的神话"。意识形态是文化的内核，文化是意识形态的表征，语言的神话实质上就是文化语境对于符号意义的植入。

皮尔斯的广义符号学则将符号交流实践中的语境层称为"解释项"，强调符号作为交流媒介的特质，以及交流主体及其背后的共同体基础、合同性共识对于符号交际的重要意义，即作为交流背景的语境对于符号意义传达的影响。在语境层，文化对于符号意义的限定更加突出。例如，作为地名的"扬州"一词在中国传统文化中具有丰富的内涵。"春风十里扬州路""腰缠十万贯，骑鹤下扬州""十年一觉扬州梦"等众多古典诗词中的扬州，既是一个诗情画意之地，也是一个充满了享乐诱惑的欲望之都。中国传统诗词建构起了关于扬州这个地名符号的共识，这些共识成为符号交流中意义传达的决定性因素。它们没有明确的指向，不属于概念层的所指，但剥离这些因素，符号的表意功能显然会受到影响。在跨文化交流中，这种共识被打破，要完整传达符号的意义，往往成为译介学要面对的一大难题。因此，如果把李白《黄鹤楼送孟浩然之广陵》中的名句"烟花三月下扬州"翻译成"In March, among smoking

---

[①] [法]罗兰·巴尔特：《符号学原理》，李幼蒸译，中国人民大学出版社，2008年，第77页。

flowers, making your way to Yangchow"，就很难完整传达出这句诗的全部内涵。而要想将众多的"共识"完整地传达，则必须回到源语的文化。显然，在符号的交流实践层，文化意象的意义传达直接受制于其母体文化。

通过以上分析可以发现，作为符号的文化意象无论是在概念层（符号本体），还是语境层（交流实践），其表意功能都受制于文化。单体的文化意象是一个自足的表意系统，文化决定了能指的选择与所指的内涵，决定着文化意象的意义传达。在交流实践活动中，意义传达的完美实现推动着符号（文化意象）向文化背景的还原，这种由部分向整体的认知路径，体现了文化意象对于文化的依附，是典型的提喻式表意活动。

二、文化意象的家族结构

在理论研究和实际运用中，存在着一些与文化意象相关的概念。这些概念因与文化意象共有"文化"这一定语，具有一定程度的"家族相似"，主要包括表层的文化形象、文化符号、文化元素，以及深层的文化心理、文化原型、文化精神。这些位于不同层面的概念应用于意义表达的不同场景，构成了文化意象的表意群落。

（一）文化意象的表层

1. 相关概念内涵的一致性

意象、形象、符号、元素是内涵极其接近的一组概念，可以说是从不同视角对于同一个对象的命名。具体地说，形象是能引起人们思想情感活动的具体形状或姿态，主要指可视可感的具象层面；意象是内在的"意"与外在的"象"的有机统一，通常存在于具体的语境，突出其心理含蕴以及主观之"意"，可以说是对于形象的深化；符号则是对于形象与意象的进一步抽象与固化，通常强调的是形式上的程式化；元素相对整体而言，是从局部的、微观的视角对前述相关概念的命名。例如，明月可以指天空中的月亮这个具体的物象，即目之所见的形象；当这个物象引发了主体内心的情感，即形之于心，使其联想到远方同在明月下的亲人、家园，此时的明月便成了寄托浓厚主体情思的意象；当明月作为商标图案出现在月饼的包装盒上时，它已经成了一个抽象的符号。这个符号来自具体的物象，也包含着意的内涵，只是在形式上更加简约抽象；当明月作为构成特定文化艺术产品的部分出现时，则可称为元素。显然，同一对象，不同的视角决定了其对应的概念。因此，文化形象、文化符号、文化元素与文化意象在内涵上具有一致性。在实践中，这些概念混用的情形十分常见。

2. 文化意象功能的集约性

尽管如此，文化意象在表意功能上具有明显的优势。这主要在于其核心词"意象"在某些方面显示出对形象、符号、元素的优越性。阿恩海姆认为，意象对视觉艺术的意义在于其功能上的集约性。从视觉思维的角度看，意象具有记号、绘画、符号的功能。意象一般是从两个相反的方向揭示世界：既可超越"实际事物"领域（比其更抽象），又可以位于那些专门再现事物活力的抽象"作用力模式"之下（不如其抽象）。意象实际上处于二者之间，成为沟通二者的中介。在记号、绘画、符号这个序列中，随着抽象性的不断增加，意象的功能发生了从记号到符号的变化。当一个意象仅能代表某种特定的内容，但又不能反映这种内容的典型视觉特征时，它就只能作为一种纯粹的记号。意象也可以用于"描绘"事物，当它描绘的事物在抽象性方面低于这一意象自身时，这种意象就成了这些事物的"绘画"。如果意象描绘的事物在抽象性方面高于它自身，这时意象就成了这些事物的"符号"。一个意象可同时具有以上三种功能中的每一种功能，而且每一次都可以不只发挥一种功能。[①] 从功能上看，意象集记号、绘画、符号于一身，体现了概念的集约性。易存国认为，符号有三种存在形态：文字是第一符号，图像是第二符号，意象为第三符号。第一符号（文字）可以言说第二符号（图像），阐发第三符号（意象）。[②] 反过来，第三符号的意象能够集图像与意义于一体，直接显示其自身，在表达功能上要高于文字和图像。因此，较之于文化形象与文化符号，文化意象涵盖这两个概念的内涵，在意义表达上具有一定的表现优势。

（二）文化意象的深层

从深层来看，文化意象还折射出一个民族深层的文化心理及其价值观念，即文化原型与文化精神。

1. 心理层面的文化原型

原型即"原始的或最初的形式"，其词源出于希腊文 archetypes。心理学

---

① ［美］鲁道夫·阿恩海姆：《视觉思维：审美直觉心理学》，滕守尧译，光明日报出版社，1987年，第214页。

② 易存国：《中国符号（新编）》，江苏人民出版社，2012年，第1页。

意义上的原型即集体无意识，集体无意识是相对于个体无意识而言的，它是人类历史发展过程中经过长期积淀，在各种遗传力量的综合作用下形成的深层心理倾向、心理反应、心理结构的基本模式。这种隐藏于深层的意识模式主要经遗传习得，这些代代相传的经验经过时间的淘洗，积淀为人类稳定的文化心理结构。渗透着人类深层心理经验和普遍观念的原型是隐形的，主要通过意象来显现，在文学艺术作品中常常表现为反复出现的意象，因此又称为原型意象或原始意象。"原始意象或原型是一种形象（无论这种形象是魔鬼，是一个人还是一个过程），它在历史进程中不断发生并且显现于创造性幻想得到自由表现的任何地方。因此，它本质上是一种神话形象，当我们进一步考察这些意象时，我们发现，它们为我们祖先的无数类型的经验提供形式。可以这样说，它们是同一类型的无数经验的心理残迹。"[①] 一旦当下的现实经验、情境与原始意象吻合，这种隐形的文化模式便会显现出原型的力量。这种深层的心理结构模式形成于特定的文化，作为集体无意识的原型也是一种文化无意识。[②] 例如，西方基督教社会的文学、音乐、绘画、建筑等艺术形式中充满众多的宗教意象，这些原型意象对于西方艺术都具有原型意义。与之相对应，东方农耕民族对于自然有着天然的依赖，以农耕文化为基础的中国文化对江河水域情有独钟，长江、黄河等水系对于中国文化就具有原型意义。同时，农耕民族有着浓厚的家园疆域意识，在抵抗游牧民族的进攻中修筑起的防御工事，如中国的长城，就成为这种家园意识的象征，进而积淀为文化原型。从文化学的角度看，文化意象反映了特定文化中主体的文化心理结构，原始意象是构成主体文化心理结构的背景。因此，文化意象不过是文化原型的显性形态。

2. 价值层面的文化精神

价值是表示客体的属性、功能与主体需要间的关系范畴。特定文化中的主体在判断是非上通常会形成趋于一致的思维取向，这种价值取向的体系化构成价值观。文化精神是从价值层面对文化意象的观照。它位于文化的深层结构中，是统摄文化各个层面的，具有积极的、主导意义的动力系统。文化精神是文化的灵魂，其内核是由人类优秀文化积淀、凝练、孕育、提升而形成的人文精神，是一种关注人生和人类命运的理性精神。文化精神蕴含在民族精神之

---

① ［瑞士］荣格：《论分析心理学与诗歌的关系》//伍蠡甫、胡经之，《西方文艺理论名著选编（下卷）》，北京大学出版社，1987年，第376页。
② 1962年，汉德森提出的"文化无意识"（cultural unconscious）概念在弗洛伊德的个体潜意识和荣格的集体无意识之间，搭建了一座有效的桥梁。

中，民族精神是文化精神的载体，它主要表现为文化共同体在长期的历史进程中形成并积淀下来的性格、信仰、价值观等。不同的地域与生活方式决定了不同民族的生活方式与价值观。例如，中国的农耕文明决定了人的行为对天的依赖，因此形成了中国人天人合一的自然观以及以群体为本位的价值观。与之相对应，西方的海洋文明、北方的游牧文明则是外向型的进攻的文化，其对个体价值的突出与农耕文明迥然不同。

文化意象承载着一种文化对某种价值的情感态度，具体表现为一种文化对某种品质的肯定与否定的立场。文化意象是特定文明的价值观即文化精神的集中体现，文化精神通过不同的文化意象得以展示，文化精神也构成文化意象的价值内核，是文化意象的灵魂。如 Samuel S Brodbelt 就将文化意象等同于价值体系（I will define the cultural image as the leading value system held by the social group of a country which pervades the ideas, institutions, and life of a nation in such a way that the individual cannot help being affected by it）[1]。同样，"山姆大叔"这个文化意象就集中体现了美国文化的创造力、冒险精神和独立精神。中国文化中的"布衣文化"意象就集中体现了中国士人胸怀天下之志、安贫乐道、平交王侯的精神品质。中国文化中的经典意象，如月亮、桃花源、小桥流水、田野村落等，都是中国农耕文化精神的集中体现；中国文化中的长城意象则是中华农耕文化在抵御外敌入侵时万众一心、众志成城的民族文化精神的典型形态。

三、文化意象的整体性

文化意象是一个内涵复杂的概念。从概念的源头上看，"象"、意象实质上都是文化意象，它们都产生并成长于特定的文化语境，且离不开文化这个大背景。文化对意象的限定突出了其生成的文化背景，使文化意象成为文化的提喻。文化是一个整合的系统，不同层面相互依存，形成一个有机的整体。文化意象也是一个整体性的概念，表层的形象、符号、元素表征着深层的文化心理、价值观念、理想信仰等，构成一个浑融的整体，从不同层面显示出文化的个性与独异性。它以特定群体共享的形象、符号、元素作为存在形式，承载着他们的审美趣味、宗教信仰、价值观念，随着文化的发展代代传承。文化意象对文化个性的标榜，使其成为文化基因传承的重要载体。

---

[1] Samuel S Brodbelt. Implications of dominant cultural images on the United States. *Social studies*, Vol. 55, 1964 (4).

（一）空间整体性

文化意象的整体性表现在空间与时间两个方面。在空间层面，生长于特定文化空间中的意象与其产生的文化背景有着不可分割的联系，离开了具体的文化空间，其"意"就会扭曲，甚至丢失。在进行跨文化交流时，意象依赖的文化空间发生变化，两种文化的矛盾凸显，意象的文化属性由隐性转化为显性，文化意象的翻译成为意义传达的难题。例如，"龙"这个意象在中国文化中是权威、力量、神秘的象征，其内隐的这些文化意义是由其隶属的中国文化空间决定的。在跨文化交流中，文化空间的变化使其意义难以准确传达，译介学采用"归化""异化"等翻译策略，实质上是在弥合文化空间的差异，还原意象依附的文化背景，维护意象的整体性。文化意象空间的整体性是译介学领域关注的重要问题，这种整体性也使其完整地保留着文化的信息，对文化传承与发展有着不可替代的重要意义。

文化意象的空间整体性在全球化时代具有重要意义。随着动画片《花木兰》与《功夫熊猫》的上映，美国动画对中国传统文化资源的利用受到多方关注。花木兰是中国古代民间故事中的女英雄形象，1998年美国迪士尼公司根据这个故事制作的动画片《花木兰》，以幽默、夸张的美式风格再现了花木兰的成长轨迹与英雄风采。影片中大量的中国文化符号夹杂着幽默风趣的人物对话、动感十足的爵士乐、酒吧或宴会式的狂欢，这种美国式的中国故事，因打破了文化的空间整体性，无法进行背景还原，而沦为所指扭曲的影像符号。

（二）时间传承性

在时间维度上，文化是历史的产物，历史的发展不断丰富着文化的积淀，文化也见证着特定群体的历史。从微观层面看，文化意象则是这种文化传承与历史演变的具体体现。文化意象携带的文化基因在特定的文化中代代相传，生生不息。它面向过去承载着悠久的历史文化传统，面向未来不断融入新的文化内涵。随着社会历史的发展，新的文化意象不断产生，在时间上呈现为绵延不绝的连续性。例如，嫦娥奔月这个古老的神话故事在中国家喻户晓，嫦娥形象有着丰富的文化内涵。从早期生月、浴月的月母，到奔月的世俗女子、寂寞冷清的月仙，嫦娥意象经过历史积淀，内涵不断丰富发展。当代，随着中国航天事业的发展与探月工程的实施，嫦娥与中国航天建立起了联系。中国的探月工程、卫星以嫦娥命名，使这个文化意象的意义在当代得到了发展，嫦娥代言中国航天事业，嫦娥精神通过中国航天人得以传承。此外，随着社会生活的发展，一些新的形式不断产生，在传播过程中逐渐经典化，成为新的文化意象。例如，敦煌这个西域古镇在历史上只是一个地名，二十世纪初，随着莫高窟藏经洞的发现，敦煌一词的内涵逐渐丰富。当代，敦煌学成为显学，敦煌文化研究蔚为壮观，于是"敦煌"成为具有地域特色与丰富文化内涵的文化意象。

（三）研究的整体性

从研究的视角看，文化意象的整体性使其保留着众多的传统文化密码。文化意象对文化的还原，使其成为接近传统文化的重要路径，为传统文化研究开辟了广阔的空间。

1. 多视角与整体性研究

2009年9月，"东亚文化意象之形塑——第十一至十七世纪间中日韩三地的艺文互动"国际学术讨论会在中国台北召开，会后结集出版了《东亚文化意象之形塑》[①]一书。文化意象是文集中东亚研究的切入点。该书编者认为，"文化意象"研究必须超越单一视角的研究模式，从文学、历史、政治、宗教等不同角度切入，唯其如此，才能全面考察文化意象存在的多样性，探讨不同文化对它的"形塑"。

与多视角切入相呼应的是文化意象相关研究中对整体的研究方法的推崇。2012年，胡晓明以《富春山居图》的文本研究为例，倡导打破学科界限的整体的研究方法。[②]他认为中国美术的研究需要文学、历史的视野，应做到文学与艺术、政治、思想、知识分子命运的互释。文化意象本身包含了不同类型的理念层次，因此要超越单一学术研究的既定模式，打通艺术学、思想史以及历史等学科之间的分隔，运用符号学、解释学等理论对传统文化意象做全新的解读，赋予中国文化以较为完整的形象和意义，实现从"汉语"到"汉意象"的转化。

2. 整体性研究方法的运用

多视角、整体性的研究方法在研究实践中的运用，催生了大量关于传统文化意象的研究，这些研究涉及文化的各个层面，其共性在于皆以文化意象与文

[①] 石守谦、廖肇亨：《东亚文化意象之形塑》，允晨文化实业股份有限公司，2011年。
[②] 胡晓明：《突破文学史——中国文化意象的研究》，华东师范大学思勉午餐沙龙，2012年9月28日。

化的关系为核心。

第一，实物层的相关研究涉及自然山水、动植物、建筑等。如李徽昭等分析了扬州的柳民俗以及柳作为扬州城市文化意象的原因。① 王立民从牛的原始意象、民俗形象和审美意象三个角度分析了牛这一意象在中国传统文化中的流变。② 周能俊认为中古时期的蜘蛛文化意象与道教水仙、女性、毒药、良药、吉兆、乞巧节的重要道具等密切相关，是受社会认知体系局限，对自然界产生的神秘主义理解。③ 魏德毓、李华珍通过考察福建东北部廉村的规划布局与空间形态，探讨其中的文化意象所蕴含的环境观、防御意识、宗法血缘观念、礼制思想以及宗教信仰等。④

第二，行为制度层主要是关于民俗活动的研究。如赵明旸分析了唐代中和节的进农书、中和宴、上春服等节俗文化意象。⑤ 简圣宇认为二十世纪前半叶的中国舞狮习俗被赋予了唤醒国民的时代意义。⑥ 吕韶钧等认为舞龙习俗已成为中华民族共同的价值观念、集体记忆和精神纽带，成为国人呼唤民族情感的重要载体。⑦

第三，观念心理层主要包括对文化观念、具体文艺作品的研究。如胡键认为"天下"作为一种文化意象，是大一统的中国体系的基本规训工具和权力合法性的基础，是皇权与儒家思想体系结合起来的区别自我与他者的重要标尺。⑧ 关于文艺作品的研究，旨在通过具体的作品分析还原其产生的文化背景。如胡晓明通过分析《富春山居图》的文本化山水现象，认为富春江是个开放的意义结构，是未完成的文化意象，富春江意象与中国文人传统焦虑的化解之间有着内在的联系。⑨ 李小荣通过分析唐代韦偃的《双松图》与宋代苏轼、李公麟的《憩寂图》中的人物与植物，从"胡僧/双松"到"老僧/孤松"的变

---

① 李徽昭、魏群：《柳：扬州城市文化意象考释》，《文化艺术研究》，2008年第3期。
② 王立民：《中国农耕时代牛的文化意象》，《南通大学学报（社会科学版）》，2015年第2期。
③ 周能俊：《水仙、良药与吉兆：中古时期"蜘蛛"的文化意象——从道教仙话〈南溟夫人传〉谈起》，《华夏文化论坛》，2018年第1期。
④ 魏德毓、李华珍：《廉村传统聚落的空间形态与文化意象初探》，《河北工程大学学报（社会科学版）》，2009年第4期。
⑤ 赵明旸：《论唐代中和节的起源、文化意象及流变》，《三门峡职业技术学院学报》，2015年第4期。
⑥ 简圣宇：《从民俗到文化意象：20世纪前半叶舞狮习俗文献研究》，《南方文坛》，2021年第3期。
⑦ 吕韶钧、彭芳：《舞龙习俗的文化认同与铸牢中华民族共同体意识的内生逻辑》，《北京体育大学学报》，2022年第9期。
⑧ 胡键：《"天下"秩序：一种文化意象》，《学海》，2017年第4期。
⑨ 胡晓明：《从严子陵到黄公望：富春江的文化意象——〈富春山居图〉的前传及其展开》，《华东师范大学学报（哲学社会科学版）》，2016年第4期。

化，探讨了唐宋文化意象变迁的深层原因。[①] 许宁从"松柏"之操、"瑚琏"之器、"山水"之乐、"日月"之食四个方面解读了《论语》君子人格的文化意象。[②] 这些研究立足于特定文化意象，通过对其所隶属的文化背景的还原，发掘文化意象所承载的文化密码，拓展了认知传统文化的视域。

（四）整体性的应用价值

文化意象的整体性对当代文化产业具有重要价值。20世纪60年代兴起的接受美学强调读者的接受活动对美学实践的价值，认为文学艺术作品是一个等待读者解释的开放结构，接受活动是读者的审美经验参与文本意义生产的过程，直接决定文本意义的生成。作为接受主体的读者生活于特定的社会文化环境中，个人既往的审美经验以及文化对个体的心理观念的塑造，建构起了个体的思维定式与观念结构。例如，对于特定的文体、人物形象、叙事程式等会形成特定的心理期待，这种既定的心理图式构成了审美接受活动的"前理解"，即期待视野。期待视野受制于个体的生活经验、知识结构、价值观念，也决定了接受者的娱乐、认知、审美等需求。接受活动实质上是接受者的期待视野与文本结构的互动过程，这一过程不仅能够实现文本意义的生产，也能丰富接受者的审美经验，拓展他们的期待视野。

文化意象的整体性对于文化产品消费具有重要价值。个体对于自身所隶属的文化具有自动习得性，特定文化的思维方式、认知结构、价值观念、审美趣味塑造着个体的期待视野。当文化意象作为生产要素进入产品生产时，其整体性的结构便会召唤接受者调动自己的审美经验对文本进行全面的还原与解读，实现文本与接受者期待视野的互动。文化意象的整体性成为文化产品吸引力的源头。

[①] 李小荣：《胡僧憨松：文化意象的唐宋变迁——兼论〈憨寂图〉的经典化》，《武汉大学学报（哲学社会科学版）》，2019年第4期。

[②] 许宁：《〈论语〉君子人格的文化意象》，《东岳论丛》，2022年第9期。

第二章

中国传统文化意象

第一节 意象与中国文化传统

文化意象与文化密切相关，中国传统文化意象产生于中国传统文化的大背景，是中国传统文化的重要组成部分。中国文化传统中的尚象思维与意象审美决定了中国传统文化意象的文化个性。

一、文化传统与传统文化

传统是一个纵横交错的网络，渗透于社会生活的各个方面。"一个民族的传统无疑与其文化密不可分。离开了文化，无从寻觅和琢磨什么传统；没有了传统，也不成其为民族的文化。"[1] 在这个意义上，传统与文化这两个概念的内涵与外延在一定程度上是重合的，只是二者强调的重点不同。文化强调器物、制度、生活方式、思想观念的具体形态，传统则突出了在诸多形态中具有时间上的传承性与空间上的统领性的特定部分。文化与传统不可分割，二者共同构成了一个民族的文化传统、传统文化。

文化传统与传统文化是两个既有区别又相互联系的概念。传统文化是历史上存在过的具体的文化形态，它从时间与空间上分别与当代文化、外来文化相对应，包括与特定社会历史时期的社会生活相适应的物质文化、制度文化与精神文化，如历史上遗留下来的器物、习俗、典章制度、艺术作品、文化观念等。在当代社会，传统文化主要表现为文化遗产。由于与特定的群体、历史、

---

[1] 《庞朴文集》，刘贻群编，山东大学出版社，2005年，第263页。

地域相关联，它具有鲜明的民族性、时代性、地域性。

与具体形态的传统文化不同，文化传统不是具体可感的文化形态，它贯穿于历史上存在过的各种文化形态之中，是体现文化强劲生命力的内核与灵魂。文化传统形成于文化的历史发展过程中，是经过特定群体一代代的实践认知后达成的文化共识，这种共识往往以思维方式、行为模式、伦理价值观、宗教信仰等隐性的形式存在，成为主导人们思维、行动的内在图式与决定力量。文化传统具有相对稳定性，对人们的思维方式和行为方式构成持续影响，使人们易于形成固定的思维、行为模式与特定的价值取向，因此往往会成为社会变革的阻碍力量。在社会生活发生转型变革的过程中，社会环境的变化会导致传统的断裂，造成文化危机。

传统文化与文化传统相互区分又相互依存，"文化传统是形而上的道，传统文化是形而下的器：道在器中，器不离道"①。二者的区分实质上反映的是历史上存在过的文化形态对当代文化的影响。从这个意义上看，文化传统是"活"在现实中的"传统文化"，文化原型、文化精神可以说是文化传统的别名。"文化传统是不死的民族魂。它产生于民族的历代生活，成长于民族的重复实践，形成为民族的集体意识和集体无意识。简单说来，文化传统就是民族精神"。② 文化意象的具体形态表现为传统文化，其深层的文化心理、文化精神则体现着文化传统。

二、意象与中国文化传统

（一）中国文化的尚象思维

作为思维活动的"象"，来自动物名。"韩非子在解释《老子》的《解老》、《喻老》中认为：当时中国已经没有大象了，人们只能根据死象的骨头或化石去想象活着的象的模样，这就是'象'。显然，这是从语源学角度进行的推测。从认识论的角度简单地说，象就是没有形状的想象。"③ 从动物名到想象的思维活动，体现了人类认知事物的思维规律。

人类意识的产生与发展起源于自然物的感化，自然界万物与人类自身的变化触动人类对宇宙的认识。自然界中，太阳的东升西落，季节寒来暑往带来的

---

① 庞朴：《文化传统与现代社会》，《中国社会科学》，1986年第5期。
② 《庞朴文集》，刘贻群编，山东大学出版社，2005年，第265页。
③ 庞朴：《中国文化十一讲》，中华书局，2008年，第73页。

物象变化、动植物与人类生命生长的周期性……在这种周而复始的规律性变化中，人类把握到了其中的共性，发展出了关于自然与生命的最初认识。这种外在物象与主体意识之间的最初联系，是人类认知自然的开端，也在象与意之间建立了初步的联系。黑格尔在论及象征型艺术时，曾经讨论过人类思维活动中意义生成的特征。在早期的象征型艺术中，人类对意义的表达必须依赖于外在的物。这一时期人类思维的出发点是"自然界和精神界的现成的具体的客观存在，然后把这种客观存在推广到一些普遍的意义，而这样一种实际存在虽然也包含这些意义的内容，却只是其中比较窄狭的一部分而且也只是仿佛近似的。于是它就抓住这个对象，凭幻想用它来造成一个形象，想用这个形象的特殊实在去表达上述普遍的意义，使它对于意识成为可观照、可想象的对象"。① 随着文明的发展和人的主体意识的觉醒，人类思维才逐渐摆脱了对物象的依赖。

这种以物象为主导的思维传统更多地保留在中国文化中。《周易》中的"观物取象""立象以尽意"概括了中国人认知世界的基本途径与思维特征。观物是他们认知世界的开端，《周易·系辞》对于这一过程进行了系统描述："古者庖牺氏之王天下也，仰则观象于天，俯则观法于地，观鸟兽之文与地之宜，近取诸身，远取诸物，于是始作八卦，以通神明之德，以类万物之情。"仰俯体察自身与万物，得到的是对世界认知的卦象，其目的是"通神明之德""类万物之情"。显然，取象并不是人们认知的终结，象来自于物，又不是单纯的物。它出现的目的在于表意，"象有两种具体表现形式：一个是寓言；另一个是图形。《易传》中所说的'立象以尽意'，就是通过讲述寓言和绘制图形帮助人们去尽意"。② 所谓得意忘象，就是这个道理。"言不尽意，立象以尽意"，但是中国人对意的追求却又离不开象，他们总是希望通过具体的物象、事象来实现对意的传达，这也体现了中国文化思维的具象性。这种思维传统在诸多方面都得到了体现，"中国文化推重意象，即所谓'尚象'，这是每个接受过这一文化熏染的人都不难赞同的事实。《周易》以'观象制器'的命题来解说中国文化的起源，中国文字以'象形'为基础推衍出自己的构字法；中医倡言'藏象'之学；天文历法讲'观象授时'；中国美学以意象为中心范畴，将'意象具足'悬为普遍的审美追求……意象，犹如一张巨网，笼括着中国文化的全幅领域"。③ 在这个意义上，我们可以说中国文化是一种意象文化。

---

① ［德］黑格尔：《美学（第二卷）》，朱光潜译，商务印书馆，1979年，第66页。
② 庞朴：《中国文化十一讲》，中华书局，2008年，第74页。
③ 汪裕雄：《意象与中国文化》，《中国社会科学》，1993年第5期。

（二）中国文化的意象审美

尚象思维方式决定了中国人的审美趣味。对于审美而言，"意"这种本体必须以"象"的形式来展示，因此，对于审美意象的追求成就了中国文化独特的意象审美范式。中国文化中的意象美学以塑造具有丰富内在意蕴的形象为艺术的旨归。意象是融入了主体情思的物象、事象，是一种表意之"象"。中国的意象审美滥觞于西周至春秋战国时期，《周易》的卦象中已经有大量的审美意象。南北朝时期，刘勰点明了意象的创造对于写作的意义。唐代以后，意象审美渐趋成熟，并被广泛运用于艺术创作，渗透到书法、绘画、雕塑、音乐等各个艺术门类，构成了独特的美学意识，形成了融会贯通的意象审美体系。中国的诗文、书画理论普遍使用意象说，使其成为艺术创作与欣赏的重要原则。

意象审美中的"象"是表达主体情思的媒介，与重表现的中国艺术相呼应。诗文领域的"言志说""缘情说"，绘画艺术领域对神韵的崇尚以及写意的创作手法，都体现着中国艺术对表现的推崇。以绘画为例，谢赫的"六法"将"气韵生动"列为第一，把中国传统的意象艺术与西方写实艺术区分开来。中国绘画强调自由情感的抒发，追求似与不似之间的意象表达，形成关于形似与神似的独到见解。"论画以形似，见与儿童邻""以形写神""神形兼备"，强调在体悟自然的基础上表现主体的认知和感悟，传达艺术家的情感与意念。

中国传统的意象审美不仅贯穿于传统的艺术形式，也影响着新兴的艺术门类。电影艺术诞生后，新技术被用于情感的表达，使审美意象的创造更加立体完备。电影画面中的意象包括影像、声象、事象，是人物、背景、光线、色彩、声音的统一体。这种多媒介的形式，使电影文本对意象的表现更加丰富自主。如中国第五代导演陈凯歌的《黄土地》，用黄土高原、黄河、信天游、腰鼓、求雨等意象编织出一个内涵丰富的符号系统，共同表现作品的主题。

（三）意象与中国文化传统发展

从尚象思维到意象审美，象、意象贯穿中国文化的发展。如果说文化传统是活着的传统文化，那么意象就是生生不息的中国文化传统的代言者。从最早的"观物取象"与中国文字的"象形""会意"，到电子时代中国电影的意象美学，中国文化对于意象的追求从未中断；从诗文的审美意象、书画的神似写意到戏曲的意象美，这种意象审美遍及各种艺术形式，是中国人尚象思维的典型体现。

中国人的审美境界"不仅有诗、乐、舞、书艺、画艺诸般艺术，而且有山水的游赏，人格的品藻。中国审美和艺术在长期连续发展中达到的稳定的繁荣，罕有其匹；它所创造的辉煌，举世称羡。古代中国成为无可争议的诗歌之国、艺术之国。支撑这一审美的辉煌的，诚然又是重意象、尚感悟的思维传统。因而毫不奇怪，中国传统美学一直将意象作为自己的中心范畴，围绕审美意象的创造、传达和读解，衍生出自己的审美原则"。[1] 思维方式决定着人们的生活方式、审美观念、价值导向。中国传统文化的意象符号系统至今仍运转于当代文化生活中。在这个意义上，如果说有什么活在当下的文化传统，显然非意象莫属。研究中国传统文化，意象堪称最经典的范本。

第二节　中国传统文化意象的概念、类型

一、中国传统文化意象的概念

从尚象思维到意象审美，意象是中国传统文化的集中体现，在中国文化传统中扮演着重要角色。中国传统文化中留存下来的且在今天依然具有强劲生命力的意象，就是中国传统文化意象。它是以意象形态存在的、活着的传统文化。中国传统文化意象是中国文化传统的凝聚物，它体现着中国传统的尚象的思维方式与意象的审美趣味，传承着中国文化独特的价值范式和精神信仰。它是体现中国传统文化精神、承载中国传统文化心理、表征中国传统认知方式和审美取向的元素、形象、符号。这些元素、形象、符号穿越不同的社会历史时期，积淀着中国人的生存智慧与世界观，是维系中国文化传统的纽带，也是中国传统文化的重要组成部分。

作为一种文化传统，中国传统文化意象的最大特色在于其传承性。它不仅承续了历史遗留下来的中国传统文化基因，也能够立足当下，面向未来，不断地生长和更新。在当代，随着文化产业的发展，传统文化资源成为文化生产要素，中国传统文化意象作为传统文化资源的经典形式，参与文化生产。在与当代语境的对话中，中国传统文化意象不仅得到了消费市场的认同，其自身也得到了快速发展，实现了形式创新。当代文化中的中国风、中国元素、"国潮"与"新国潮"等现象，是中国传统文化意象在当代的新发展。

---

[1]　汪裕雄：《意象与中国文化》，《中国社会科学》，1993年第5期。

二、中国传统文化意象的类型

中国传统文化意象是传统文化的经典形式，它遍布于中国传统的各种艺术形式与社会生活的各个领域，从古代神话传说、寓言故事、诗歌、音乐、绘画等艺术形式到日常生活的器物、习俗、民间仪式、宗教信仰等，生活世界中积淀了大量的传统文化意象。由于文化外延的宽泛性，关于中国传统文化意象的类型划分，只能立足于特定的视角，采用列举的方法，代表性的有以下几种。

（一）中国符号

易存国主编的《中国符号（新编）》[①]对中国符号进行了全面的分类整理，其中将中国符号分为古神话引（神话人物）、板桥道情（历史传说人物）、搔首问天（身体器官）、鹤鸣九皋（动物）、修竹流风（植物）、琴书乐道（艺术）、南山有台（建筑）、升平春色（色彩）、耕莘钓渭（节庆娱乐）、神游八卦（数字）、光风霁月（自然文化）等类型。这种分类列举涉及的内容可谓无所不包，显示了中国符号外延的广阔性。例如，书中关于中国艺术的符号就列举了书法、中国画、纸、笔、墨、砚、皮影、陶器、紫砂、玉、灯彩、风筝、剪纸、面具、古琴、脸谱、中国结、印章以及亭台楼阁等；关于色彩的文化符号列举了红色、橙色、黄色、绿色、青色、蓝色、紫色、白色、黑色、灰色、金色、银色、桃红、胭脂、绛色、缃色、米色、赭色、苍色、褐色、茶色、绀色。

王炳熹在《中国符号》[②]中将中国符号分为文化遗产、国学精粹、历史人物三类。文化遗产类列举了龙图腾、汉字、青铜鼎、剑、中国结、玉器、瓷器、琴、印、砚、棋、丝绸、长城、故宫、苏州园林、旗袍、兵马俑、莫高窟、黄河等；国学精粹类列举了《周易》、《诗经》、中国书法、中国画、唐诗宋词、明清小说、《永乐大典》、《四库全书》、中医、武术、太极、道教、科举、京剧、国学等；历史人物中既包含神话人物女娲、嫦娥、炎黄、大禹，也包含老子、孔子、屈原、秦始皇、玄奘、岳飞、郑和、郑成功、孙中山等历史人物。这种分类方法没有严格的边界，有些地方难免重复。如文化遗产与国学精粹没有明确的边界，外延相互融合，中国书法、绘画是文化遗产，也是国学精粹。

[①] 易存国：《中国符号（新编）》，江苏人民出版社，2012年。
[②] 王炳熹：《中国符号》，中国工人出版社，2012年。

(二) 中国元素

程庸、若隐编著的《中国元素》① 中将中国元素分为民俗风物、祥瑞吉物、传统文化、人物荟萃、艺术瑰宝、人文精粹、地理坐标七个类别，各个类型下又进行了列举。例如，民俗风物包含生肖、节气、春节、元宵、清明、端午、中秋、对联、舞狮、中国结、剪纸、筷子、风筝、皮影等。这种分类方法主要是为了描述的方便，缺乏严谨的分类依据，如"传统文化""人文精粹"这类概念不宜称其为类型。

刘利生主编的"影响世界的中国元素"丛书，选取中国科技发明、中国文化艺术、中国文学思想、中国医药、中国功夫、中国园林、中国民居建筑、中华美食、中国汉字、东方文学、四大发明、儒学文化等中国文化中最为精华和典型的特色元素，对这些典型元素的形成和发展、继承和传播进行了描述和分析。

潘云鹤在《文化构成》中，从应用设计的需要出发，把中国传统文化元素划分为：汉字与书法、篆刻、美术、戏剧与服饰、建筑、用具、工艺品、民俗等几大类。②

(三) 文化意象

谢天振在《译介学》中认为，文化意象可以表现为植物、动物、成语、谚语、典故、数字等多种形式，并将文化意象与特定族群的历史文化联系起来，列举了其中的经典形态。例如，汉民族语言里的松树、梅花、竹子、兰花、菊花、乌鸦、喜鹊、龙、麒麟、诸葛亮、数字三等；欧美民族语言里的橡树、橄榄树、白桦树、玫瑰花、郁金香、猫头鹰、狮、熊、罗马、数字七等。石守谦在《东亚文化意象之形塑》③ 中将文化意象分为四种类型：桃花源、净土之类的理想世界文化意象；潇湘、西湖之类的胜景/圣境文化意象；寒山、拾得、苏轼之类的典范人物文化意象；《长恨歌》中的杨贵妃轶闻/传奇类文化意象。总体上看，石守谦的分类大体上包括境地、人物、故事三类，其中涉及的对象仅与文人生活相关，没有关注民间的世俗生活。显然，这种分类方式具有较大的随意性。

---

① 程庸、若隐：《中国元素》，东方出版中心，2009年。
② 潘云鹤：《文化构成》，高等教育出版社，2011年。
③ 石守谦、廖肇亨：《东亚文化意象之形塑》，允晨文化实业股份有限公司，2011年。

第三节　中国传统文化意象的当代形态

中国传统文化意象是中国传统文化资源的重要组成部分。随着当代文化产业的发展，中国传统文化资源得到了有效开发。文化生产实践对传统文化意象的创新性运用，使其在当代具有了新的形式。本节首先梳理当代中国传统文化意象在应用领域的演变历程，其次分别选取流行音乐、广告、设计、动画、网络游戏、影视、乐舞、综艺等经典形态进行分析。

一、从中国风到新国潮

（一）中国风与中国元素

"中国风"即中国风格，是建立在中国传统文化的基础上，蕴含大量中国元素并适应全球流行趋势的艺术形式或生活方式。从时间意义上看，中国风并不是一个当代概念，它是随着中西方文化交流而出现的。早在中世纪，中国制造的商品、工艺品由西方传教士介绍到欧洲，引起西方人的好奇，在西方社会刮起了中国风。十七世纪末至十八世纪末的欧洲曾长期流行中国风（Chinoiserie），对中国风的追逐成为当时欧洲各国标榜上流社会生活品质的时尚元素。这种时尚影响渗透了欧洲人生活的各个层面，从日用物品、家居装饰到园林建筑等，都能看到中国风的印迹。同时，这种潮流也从追捧物质形态的商品逐渐过渡到对中国文化多层次、多角度的了解与关注。这股中国风在十八世纪中期达到顶峰，十九世纪逐渐消退。

二十世纪八十年代以来，中国风卷土重来。这时中国风的语境不同于此前的中西方文化交流，它实质上是传统中国与现代中国的对话，是中国传统文化在现代中国的全面复兴。风格的传播必然要依附于具体的形式，中国元素是中国风的载体。随着中国风的流行，更多的传统文化元素被发掘并应用于流行音乐、设计、游戏等领域，展示了中国传统文化的无穷魅力。中国元素的影响还波及美、日、韩等国。

（二）"国潮"与"新国潮"

"国潮"即中国元素引发的消费潮流，是一种以消费为主导的流行文化。近年来，中国元素在文化产品中的广泛运用，在消费领域引发了对国风、国潮的追逐。2010年，上海世博会期间国民球鞋品牌回力和飞跃意外走红，"一座城，一双鞋，一个上海的故事"由上海蔓延至全国，标志着"国潮"正式诞生。李宁以"国潮"亮相纽约时装周，其主题"悟道"结合中国传统元素，在产品中增加现代时尚潮流设计，改变了大众对中国品牌的刻板印象，"国潮"之风随之兴起。

国漫的崛起以及《中国诗词大会》《国家宝藏》《上新了·故宫》等文化类综艺节目的走红，使中国传统文化在年轻一代中得到了广泛传播，中国元素的时尚产品成为新生代消费者彰显个性的选择。中国传统文化在消费市场受到广泛关注，"国潮"热持续升温。2018年，洞察当代年轻消费群体消费趋势的天猫平台发布逆代购、老字号网红、新东方美学、AI新物种、非遗匠心等"国潮"消费趋势，使东方美学、中国元素成为时尚的象征。

随着经济的发展与优秀传统文化传承发展工程的推进，"新国潮"时代已悄然来临。如果说"国潮"关注的是中国元素、东方美学等以东西方比较为背景的独特性，"新国潮"则超越了这种"他者"的视野中"被观望"的格局，显示出对中国产品、中国品牌的足够自信。在文化消费市场，河南卫视的《唐宫夜宴》《洛神水赋》《龙门金刚》等融合"国潮"的节目，不仅拓展了"国潮"的领域，还在全球范围内广泛传播，这表明"国潮"已从物质消费领域逐渐深入精神消费领域。"新国潮"不仅体现了消费新趋势，也成为连接年轻一代与优秀传统文化的纽带，这种现象折射出全民族日渐增强的文化自信。

二、中国风与中国元素

二十世纪八十年代以来，受文化寻根思潮的影响，中国风与中国元素拉开了中国传统文化走进当代生活的序幕。

（一）中国风流行音乐

二十世纪八十年代，随着流行音乐在国内的风靡，中国风流行音乐应运而生。中国风流行音乐是指在歌曲中加入中国古典元素的音乐，这类音乐通常以古代的话语形式来传达现代人的情感，加上东方乐器与民间音乐程式，使音乐整体上呈现出独特的文化韵味。最具典型意义的中国风流行音乐是古典诗词的流行音乐化以及化用古典诗词意象的"中国风"歌词创作。

1. 古典诗词的流行音乐化

以诗词作为歌词在中国有着悠久的传统。从源头上看，中国诗歌最早的存在形式是诗乐舞的一体化,将诗词与音乐结合并不是当代人的独创。这种音乐形式在当代广受大众的喜爱。以古典诗词入歌,在当代流行音乐中大量存在。例如:《在水一方》与《诗经》中的《蒹葭》,《几多愁》与李煜的《虞美人》,《明月几时有》与苏轼的《水调歌头》,《月满西楼》与李清照的《一剪梅》,等等。这些歌曲的广泛流传与其古典诗词的歌词形式密切相关。古典诗词的意境美、韵律美为歌曲的传唱提供了得天独厚的优势。

除了直接用古典诗词作为歌曲的歌词,还有歌曲化用古典诗词,以古典诗词中的故事、意境为原型,进行适度的意义生产,形成经典之作,如《小草》与白居易的《草》,《涛声依旧》与张继的《枫桥夜泊》,《新鸳鸯蝴蝶梦》与李白《宣州谢朓楼饯别校书叔云》,《烟花三月》与李白的《黄鹤楼送孟浩然之广陵》,《巴山夜雨》与李商隐的《夜雨寄北》,等等。这种化用将古典诗词中的意境、情感与当下的生活融合,通过古今对话,借古典意象表达当代人的情感,体现了古典与现代的交融。化用古典诗词入歌的代表人物是词曲作家陈小奇。其作品除上述的《涛声依旧》《烟花三月》《巴山夜雨》外,《大浪淘沙》(李白《早发白帝城》)、《朝云暮雨》(宋玉《高唐赋》)、《白云深处》(杜牧《山行》)等都是这方面的经典。陈小奇在化用古典诗词方面最具特色的一点,是将古典意象、意境进行拼贴组合,生成新的形式以表达现代人的情感。例如,取材于《枫桥夜泊》的《涛声依旧》借用原诗的场景,演绎出一个现代爱情故事,将现代人漂泊的乡愁、年华易逝的焦虑寄托于这个古老的客船意象,通过一张船票穿越光阴的隧道,成为无数面对世事变化的中年人伤怀世变的经典之作。从诗词艺术发展的历史来看,以古典诗词入乐,将其与流行音乐结合,是对于诗乐在源头上的一体化传统的回归。同时,诗乐一体的文化传统为这种形式提供了社会心理基础,使其更容易得到大众的认可。

2. 中国风歌词的创作

歌词创作是中国风流行音乐的一大特色,以古典诗词意象为元素的创作方式让中国风流行音乐取得了巨大成功。如二十世纪九十年代由张晓松、冯晓泉创作,孙浩演唱的《中华民谣》就是根据传统文化意象创作而成的,作品音乐旋律与文化意象的选取相互衬托,既富于画面的意境美,又起落有致,朗朗上口,在当时广为传唱,风靡一时。

二十一世纪以来,方文山的中国风歌词创作最具典型意义。其歌词创作特色在于大量采用古典诗词中的意象,以后现代的拼贴、组合,拆解语言使用的惯性,赋予传统文化意象新的内涵。其歌词创作在意象的选择、组合、呈现,以及语言风格的营造与意境的构筑等方面都散发着浓郁的中国韵味。中国古典诗词中的茶、花、雨、风、月等自然物象，以及中国瓷、中国书法等人文意象和"娘子"等人物意象，都独具特色。方文山善于发掘意象的古典意义，将其改造组合用于当代人情感的表达，通过模糊的叙事将古今融为一体，使充满画面感的歌词与具有浓郁东方风格的旋律、编曲、唱腔完美结合，呈现出古今杂糅的后现代意境。如《娘子》《东风破》《菊花台》《青花瓷》等作品的语言、意象、情感穿越古今，实现了中国传统文化意象在现代社会音乐中的复活与再生。

（二）中国元素广告

中国元素广告是指在广告创意中融入中国特色的剪纸、京剧脸谱、中国书法、写意画、门神等中国元素，使作品在视觉传达上彰显出鲜明的文化特色。广告是当代文化产业的重要领域，而运用传统文化元素已成为广告创意的重要方法。2006年，中国广告协会开始举办每年一届的"中国元素国际创意大赛"，大赛巧妙地将创意经济与中国传统融合，在国内外引起了强烈反响，掀起了利用中国元素进行广告表现的热潮，中国元素成为广告业关注的焦点。这一大赛有力地促进了创意经济与传统文化的对接，促成了中国元素对文化创意产业的参与，为发掘中国元素，打造民族品牌，弘扬和传播中华文化，提供了开放的平台。

对于广告创作，中国元素主要是指"表征中国及中国特有文化意味、精神气质、历史沉淀及审美情趣的典型形象、典型事物、风俗习惯及与之相关的要素"[①]。根据中国元素在广告创意表现中扮演的角色，可将其分为形象要素、艺术表现要素、思想价值要素三类，分别对应形象层、技法层、价值观念层。

在形象层，中国传统的文化形象、符号等都可以用于广告的表达。如雪花啤酒广告对中国传统建筑斗拱的运用，就将斗拱这一经典文化符号的内涵——匠心营造与啤酒制作联系起来，为雪花啤酒品牌赋予了全新的意义，既符合中国人的审美情趣，也传达了广告要表达的内涵。

技法层是指广告表现手法对中国传统的书法、绘画、剪纸等造型方式的借鉴。如《中国梦》系列公益广告就运用了中国传统年画、剪纸等民间艺术的造型与色彩表现方法。

价值观念层主要是指广告利用中国传统文化的伦理精神来实现与消费者的

---

① 张琦：《中国元素与广告创意表现关系研究》，浙江大学，2007年。

沟通。广告通过充分运用中国元素这一文化纽带，实现了与消费者的情感共鸣；同时，企业也借助广告赋予商品文化内涵，塑造了品牌形象。国际广告中大量运用的中国元素，通过符号化的文化暗示传递深层文化内涵。这些元素的运用使广告编码更符合本土受众的文化背景，有效减少释码差异，从而提升国际广告的跨文化传播效果。[1]

（三）中国元素设计

1. 建筑设计

在传统文化全面复兴的当代，建筑设计领域也刮起了强劲的中国风。中国风建筑即中式建筑，是指将中国传统技艺与建筑理念，如手工技艺、程式造型、建筑装饰等融入现代建筑，体现出中国人独特的居住文化与建筑观念。面对西方建筑设计理念、符号占据建筑设计界的现状，设计师将目光投向传统，期待能从传统图案、纹饰、材料等因素中发掘出现代设计元素，创造建筑设计领域的中国风格。建筑学家吴良镛提出"抽象继承"的理论：在抽象的层面，把传统建筑的设计理念、原则、基本理论创造性地运用于设计中；在具象的层面，提取传统建筑形象中最有特色的部分，结合具体设计，进行再创造。1998年前后建成的上海金贸大厦就体现了这一设计理念。金贸大厦在造型上以中国塔为起点，实现了塔这一中国传统高层建筑与现代建筑理念、建筑材料的完美结合，整个建筑挺拔简练，富于变化，形成一种成长的、向上的律动，如同笋与竹之间的跃动感，笋皮绽破、新竹拔节的气势给人以强烈的视觉冲击。[2] 建筑局部对中国传统元素的运用，多见于屋顶、门窗、梁柱、室内装饰等部分。例如，苏州博物馆新馆的屋顶设计在保留传统建筑飞檐翘角坡顶特征的同时，创新性地融入了现代几何元素。其屋顶构造延续了传统屋面系统的精髓，将原本的木梁和木椽结构升级为现代开放式钢结构、结合木材与涂料的顶棚系统。[3] 博物馆的玻璃屋顶与石屋顶相互映衬，使自然光进入活动区域和展区，不仅为参观者提供导向，也实现了内外空间的互动。

2. 艺术设计

在艺术设计中，中国风格的呈现主要依托于设计元素的选择。设计师通常

---

[1] 沈翀竹：《从符号学视角解读国际广告中的中国元素》，《广告大观（理论版）》，2008年第2期。
[2] 余冰：《现代建筑设计中的传统元素》，《山西建筑》，2005年第11期。
[3] 毛白滔：《建筑空间解析》，高等教育出版社，2008年，第162页。

从设计主题出发，选取中国传统的图像符号为创意元素，以主题来统摄这些设计元素，创造出具有鲜明文化特色的视觉形象。中国特有的书法、绘画、篆刻艺术以及传统的民间图案、物象、工艺品、器物、色彩、造型装饰风格等，都是现代艺术设计的资源。艺术设计对传统文化意象的创造性运用有众多成功的案例。例如，中国银行的标志将中国古钱币的传统图形和汉字"中"巧妙结合，既突出了行业的特色，又具有深厚的文化底蕴；北京奥运会会徽"中国印·舞动的北京"以"中国印"的图案为主体，通过将汉字"京"的篆体经过变形处理，使其与"舞动的人"在形态上形成同构，隐喻运动的主题，充分展现了中国传统文化的表意特点和艺术魅力；北京申奥标志对"中国结"和"太极拳"意象的巧妙融合，既突出了中国文化圆融流动的造型美，又寓意着运动带给人类的交流、团结与和谐。这些案例堪称现代艺术设计融合传统文化元素的典范之作。

3. 家居设计

二十一世纪初，将传统文化元素运用于庭院建筑景观、室内家居装修、家具设计的家居设计风格开始出现，并受到行业与消费市场的关注。这种新的家居设计理念选取经典的传统文化元素，融入现代的日常生活场景，对传统采取了扬弃式继承，体现了"中而新"的特征。2004年10月，全国首届室内设计师高峰会暨中国住宅室内设计流行趋势发布会在人民大会堂举行，将这种新趋势正式命名为"新中式风格"。中国建筑学会明确了对"新中式风格"的认可与肯定，推动了"新中式风格"在家居设计领域的发展。2005年9月，《中国建设报》主办的中国风中式住宅新趋势高峰论坛会议，使新中式风格的影响进一步扩大。家居设计方面的代表作，如马清运设计的"井宇"，以关中乡村民居为基础，遵循中国传统的四合院布局，采用当地的砖墙、黏土瓦屋顶等经典形式，实现了传统、地域与现代设计理念的完美统一。在家具设计领域，设计师通常将传统的设计形式与现代材料结合，如温浩设计的夫子椅，将现代的钢管材料与传统的官帽椅形制相结合，造型轻盈灵动，体现了中国传统士大夫两袖清风的神韵。

（四）中国元素动画

中国元素运用于动画生产，形成了独具特色的中国学派。我国动画片的取材主要来自经典文学作品与民间故事，与传统文化有着密切的联系。其中最具代表性的是根据古典小说《西游记》创作的动画片。1941年至1964年，万氏四兄弟制作了《铁扇公主》《猪八戒吃西瓜》《大闹天宫》《人参娃娃》等一系列取材于《西游记》的动画片。二十世纪六十年代制作的动画片《大闹天宫》是我国第一部彩色动画长片。1999年，中央电视台播出了52集动画片《西游记》。

除了内容上对传统文化的继承，中国动画片在人物造型上多采用中国传统服饰、京剧脸谱、皮影、木偶、水墨画、年画、敦煌壁画等经典形式，运用泥塑、剪纸、折纸等技法，配以中国古典音乐，形成了独具特色的民族风格。例如，《大闹天宫》在人物造型、设景、用色上借鉴中国古代绘画、民间年画的表现手法，融入中国传统戏曲的表演程式，塑造了性格鲜明的孙悟空形象。《骄傲的将军》运用京剧脸谱设计，将军的造型和动作配以民乐；在将军彷徨无助之时，琵琶古曲《十面埋伏》响起，画面与音乐完美融合。此外，还有采用民间工艺折纸、剪纸等技艺的动画艺术。二十世纪六十年代，《小蝌蚪找妈妈》《牧笛》《山水情》等一批动画作品将中国绘画特有的笔墨情趣搬上银幕，实现了中国水墨画与动画电影的结合。1983年，上海美术电影制片厂将水墨与剪纸技艺融合，制作了水墨剪纸动画片《鹬蚌相争》。这种以民族特色为核心的动画形式创新在国内外得到了广泛的认可，形成了风格独特的动画语言。

二十一世纪以来的中国风动画是二十世纪动画中国学派的继承与发展。一直以来，中国动画的低幼化倾向饱受诟病。例如，李涛通过对孙悟空动画形象的跨文化比较，认为"中国孙悟空"缺失的是适合当代动漫受众的阅读视角，而"日版孙悟空"的符号言说则包含了当代年轻动漫受众喜爱的文化特质。[①]二十一世纪以来，动画片开始更多面向年轻的消费群体，不断拓展发展空间。2005年上映的《喜羊羊与灰太狼》标志着中国动画转型的起步，该片弱化了狼与羊的激烈对立，为两种动物赋予了更多的人性化内涵。这一改造颠覆了狼与羊之间简单的二元对立，更符合现代人的心理，为故事制造了丰富的意义生长点。2015年，《西游记之大圣归来》的面世掀起了动画领域的国潮热，影片强调"用年轻人的语言和思维去诠释传统文化，在民族性的风格中追求现代的美感，用时尚的创意重新包装传统文化"[②]。这种对话传统的现代理念与全新视角吸引了大量年轻消费者。其后《大鱼海棠》《白蛇：缘起》《哪吒之魔童降世》等一系列动画电影的面世催生了动画领域的"新国潮"。

[①] 李涛：《中日孙悟空动画形象的符号学比较》，《电视研究》，2009年第11期。
[②] 龚金平：《从展览"传统"走向对话"当下"——"新国潮"背景下动画电影创作的变迁与进阶之路》，《上海文化》，2022年第10期。

（五）中国元素网络游戏

网络游戏由场景、人物、道具、剧情、非玩家控制角色 NPC 等基本元素构成。这些元素在游戏世界观的组织下构成一个虚幻的游戏世界，玩家通过角色扮演参与游戏。游戏世界观是游戏的核心，它不仅描述游戏的表层世界，还规定这个世界的行动规则，同时传达游戏制作者的价值观，而题材选择通常决定了游戏的世界观。中国元素游戏是指在游戏的题材类型、背景故事、人物造型等方面融入中国文化因素，使游戏既适应全球化的发展，又具有独特的文化个性。中国传统文化题材在网络游戏开发中占据举足轻重的地位，主要包括历史题材、神魔题材、武侠题材等。

1. 历史题材

历史题材是指以中国历史上的历史事件为背景进行的游戏创作。历史元素是网络游戏的构成要件，从春秋战国、楚汉战争、三国纷争、隋唐英雄，到陈桥兵变、抗击蒙元，中国历史题材是本土网络游戏的重要素材库，其中最突出的是三国题材。代表性作品有《官渡》《三国群英传》《三国世纪》《傲视三国》《三国演义 Online》《三国策》《QQ 三国》《赤壁》《三国杀》《三国赵云传》《星际三国》等。在这类游戏中，玩家置身于三国背景，扮演士兵、将领、领主等角色，与各路英雄拼杀。刘备、曹操、孙权等历史人物由主宰者变为玩家取胜的工具。游戏叙事不仅改变了传统的三国故事，还在人物的发型、服装、装备等方面进行了适当的演绎，现代元素的植入使其具有鲜明的时代气息。此外，历史题材相关的游戏《春秋 Q 传》《成吉思汗》等也受到玩家的喜爱。

2. 神魔题材

神魔题材游戏主要是以中国传统的神话故事为素材开发制作的游戏，其中最具代表性的作品是取材于《西游记》的相关游戏。例如，围绕《西游记》开发的游戏有《梦幻西游》《快乐西游》《大话西游》等。其中《梦幻西游》以《西游记》为基础，以唐代的建筑风格为场景，选取电影《大话西游》的情节片段，这种古今交融的文化混搭风格使其成为在线人数超百万的国产网络游戏。

我国古代的许多神话传说和民间故事都是网络游戏开发的重要资源。例如，根据神魔小说《封神演义》改编制作的游戏《封神榜》《封神演义》，以《山海经》为蓝本制作的《天下贰》，以及以中国创世神话与民间传说为基础制作的《仙剑奇侠传》等。这些作品以中国古代神话传说为背景，以古典神话故事为游戏主线，使玩家在神话世界中自由驰骋。例如，《天下贰》的内容取材于《山海经》《搜神记》《太平广记》等古代神话，汇集了中国古代的神话传说，再现了神奇的太古时代，给玩家创造了一个独特的体验空间。

3. 武侠题材

武侠文化在中国有着悠久的历史，体现了中国传统文化的特色，对中国人具有原型意义。武侠题材因此成为网络游戏的重要类型。同时，侠义精神通常与历史题材、神魔题材相融合，成为网络游戏中的重要传统文化元素。武侠题材的游戏作品数量众多，代表作品有：中国大陆的《金庸群侠传Online》《剑侠情缘网络版》《天龙八部》《大唐豪侠》《诛仙》《射雕英雄传Online》等，中国台湾的《侠客英雄传》《轩辕剑》《仙剑奇侠传》等。这些游戏因其浓郁的侠义精神受到了广大玩家的喜爱。其中，《仙剑奇侠传》融合了武侠与神魔两种题材，自1995年问世以来广受欢迎，影响颇大。

（六）中国元素的海外输出

中国传统文化对同属儒家文化圈的东亚近邻日本、韩国的动漫游戏产业有着深远的影响。中国传统文化元素，如古代神话传说、古典名著、传统风物习俗等，大量出现在日、韩的动漫、网络游戏等文化产品中。其中影响最为突出的当数中国古代经典文学作品《西游记》《三国演义》。

1. 日本文化产品中的中国元素

《西游记》在日本的传播有着悠久的历史，对日本文化产品的影响最为突出。早在江户时代，日本就着手《西游记》的翻译，西游文化已经渗透到日本文化的各个领域。当代日本文化产品中大量存在着西游意象，其中以动漫为主要形式。例如，日本漫画家手冢治虫绘制的漫画《我的孙悟空》《悟空的大冒险》，被改编为动画片《孙悟空》。这些作品以《西游记》的故事框架和人物为主体，体现了对原著的基本忠实。二十世纪八十年代以后，日本的西游意象开始出现后现代色彩。例如，动画片《七龙珠》根据鸟山明创作的同名漫画改编，讲述了独自住在深山的少年孙悟空找寻七龙珠的过程，塑造了快乐、单纯、勇敢的孙悟空形象。二十一世纪初，根据峰仓和也同名漫画改编的动画片《最游记》中的角色和故事情节都来自《西游记》。此外，中国古典名著《三国演义》《封神演义》以及中国神话传说《山海经》《白蛇传》等也对日本动漫产生了重要影响。

三国类游戏是日本游戏文化产品中最突出的中国元素。在日本游戏领域，围绕三国题材创作了大量游戏产品。其中最具代表性的是光荣株式会社推出的《三国志》（Sangokushi）系列游戏，自二十世纪八十年代面世以来，受众颇广。作为历史策略模拟游戏的代表作，该系列游戏兼顾战略、战役、战斗三个层次，在全世界受到广泛关注。此外，日本三国类游戏的代表性作品还有南梦宫公司（Namco）制作的《三国志：中原之霸者》《三国志Ⅱ：霸王的大陆》等。

2. 韩国文化产品中的中国元素

与日本类似，韩国文化产品中运用中国元素最为突出的也是西游题材与三国题材游戏。出生于中国的韩国漫画家高羽荣自二十世纪七十年代以来先后创作了《水浒志》《三国志》《楚汉志》《西游记》《列国志》《一枝梅》《十八史略》等阐释中国古典名著的中国题材漫画，这些作品得到了韩国读者的广泛认可。

《西游记》是对韩国文化最具影响力的中国古典小说之一，西游故事在韩国有着广泛的受众。《西游记》为韩国的动画、电子游戏等提供了丰富的故事情节、布局结构和人物角色。例如，韩国动画片《新编西游记》采用了《西游记》的人物模式，但在细节与情节设置上进行了全面颠覆。角色扮演游戏《幻想西游记》围绕玉帝、魔皇、西王母三大势力展开，整体上扬弃了中国背景的神话故事，以受众需求为导向，体现出本土化、现代化的时代特征。

三国题材的文化产品在韩国同样有着广泛的影响。除了高羽荣创作的漫画《三国志》，还有金政基制作的漫画电影《三国志》。近年来，韩国的三国题材游戏发展迅速，代表性作品包括《三国之天》《三国至尊》《三国英雄传》《三国志英雄传》《三国志：天下制霸》等。

三、中国影像

中国影像是指以影视为载体进行传播的中国传统文化元素。影视媒体是消费社会众多媒介中最具影响力的一种。传统文化意象大量存在于各种类型的影视剧中，这些影视剧或以传统文化意象为元素来讲述新故事，或利用新兴的媒体形式对传统故事进行加工改编，成为传统文化传播与现代化的重要路径。中国功夫、他者视域中的东方奇观、宫廷意象与宫斗剧、古典名著的影视改编等是其中的代表。近年来，随着中华优秀传统文化传承发展工程的实施，文化类综艺电视节目成为传播中国传统文化的新途径。

(一) 中国功夫

1. 武侠电影与江湖叙事

中国功夫不仅是经典的中国文化符号，也是武侠片的叙事核心。中国武侠电影作为模式化、标准化的类型影片，已成为一种主流商业电影，功夫意象是武侠电影的核心。1970年上映、获戛纳电影节最高技术奖的《侠女》，将中国武侠电影推向了世界。导演李安的《卧虎藏龙》以江湖与功夫意象表现了对古典中国的缅怀，使武侠片叱咤影坛。张艺谋、陈凯歌的武侠片则以其独特的中国文化韵味，在世界电影市场刮起了强劲的中国风，功夫、江湖、侠客等武侠片的核心意象随之风靡世界。中国功夫的形式与中国武术、舞蹈、戏剧有着内在的联系，贯穿其中的"忠""孝""信""义"等中国文化精神是其内核。

武侠片的功夫表演依托于游走于江湖空间的侠客们的恩怨情仇。因此，功夫叙事也塑造了江湖、侠客等大量文化意象。如金庸武侠小说《天龙八部》《射雕英雄传》《神雕侠侣》《倚天屠龙记》《鹿鼎记》《笑傲江湖》等先后多次被改编为电视剧，剧中除了对各门派独门功夫的展示以及江湖纷争、恩怨情仇的叙说，还塑造了段誉、乔峰、郭靖、杨过、张无忌、韦小宝、令狐冲等侠客形象，成为武侠世界的独特景观。随着消费社会娱乐化的发展，经典的武侠世界逐渐被解构。2006年上映的《武林外传》以市井生活重塑侠客江湖，塑造了掌柜、跑堂、杂役、账房、厨子、侠客、盗圣、捕头、捕快等一系列融入当代人情感的类型化人物，以其喜剧色彩与游戏精神创造了收视传奇。

2. 功夫意象的海外传播

美国梦工厂于2008年推出了以中国熊猫为主角、以中国功夫为主题的喜剧动画电影《功夫熊猫》。影片以古代中国为背景，选取功夫、熊猫两个经典的中国元素，编织出一个充满美国式个人英雄主义的励志故事。影片中的实景、布景、服装、道具皆为中国元素，如五个徒弟金猴、悍娇虎、灵鹤、快螳螂、俏小龙的取名就来源于中国武术的猴拳、虎拳、鹤拳、螳螂拳、蛇拳，这种精心编排体现了创作者发掘中国传统文化元素的良苦用心。尽管用中国文化符号讲述的故事难以掩饰影片深层的潜在话语，但中国氛围、中国符号在美国式狂欢中形成的后现代拼贴效果，还是取得了巨大成功，在全球掀起了一股中国文化热。

(二) 他者视域的东方奇观

二十世纪八十年代以来，中国第五代导演迅速崛起，其中导演张艺谋的电影以强烈的视觉冲击力为中国电影走向世界铺平了道路。民俗意象与女性意象是张艺谋影片的经典意象，也是其征服世界的利器。《红高粱》《菊豆》《大红灯笼高高挂》等影片中的女性形象与充满东方神秘感的民俗相得益彰，是张艺谋新民俗电影的看点。张艺谋等第五代导演利用各种形态的女性意象来阐释东方人的生存状态，让东方民俗进入西方人的视野。张艺谋将电影聚焦于九儿、菊豆、颂莲这些旧时代的女性及其生活的封闭宅院、阴郁人物关系，通过展示她们在"铁屋子"里的灰色生活，打造了一个东方的女性神话。中国传统女性故事与民间习俗通过这种奇观化的方式在影片中得以展示。在张艺谋的电影中，幽闭的空间是神话的发生地，浓烈的色彩渲染与独特的民俗展示是神话叙说的基本手段[1]，"张艺谋、陈凯歌的基本表意策略是试图创作一个民俗/政治的东方奇观，向西方提供一个驯服的'他者'形象"[2]。

(三) 宫廷意象与宫斗剧

宫廷戏的本义是指在宫内上演的戏剧，当代的宫廷戏是古装剧的一种，其故事以宫廷为背景，围绕宫廷内的各种人物关系展开。宫廷戏包含了大量的传统文化意象，其中最具典型性的角色是帝王、王妃、王子、公主、太监、宫女等人物形象，如电视剧中的汉武帝、武则天、唐明皇、康熙、雍正、乾隆等帝王形象，太平公主、小燕子、紫薇等公主、格格形象，等等。二十世纪末以来，宫廷戏的大规模流行，使其在影视剧的制作中占据着重要地位。如武则天这位中国历史上唯一的女皇多次成为影视剧的主角，代表性作品有《武则天》（1995年）、《大明宫词》（2000年）、《武媚娘传奇》（2014年），这些影视剧打造了不同风格的女皇形象。宫廷电视剧中的格格形象也十分突出，1998年的《还珠格格》创国产电视剧收视纪录。此后，《金枝欲孽》《美人心计》《甄嬛传》《步步惊心》《后宫·甄嬛传》《宫锁珠帘》《芈月传》《延禧攻略》《如懿传》等轮番登场。《甄嬛传》是其中颇具代表性的一部，该剧描述了甄嬛成长为太后的经历的描述，打造了经典的宫斗戏模式，创下了骄人的收视率，并被

---

[1] 李金梅：《文化研究视域中的张艺谋》，苏州大学，2008年。
[2] 张颐武：《全球性后殖民语境中的张艺谋》，《当代电影》，1993年第3期。

多国引进。

(四) 古典名著的影视剧改编

改编名著是影视剧文本生产的一条重要路径。在中国电影发展的早期，将名著搬上银幕是通行的剧本改编创作方法。随着电视媒体的发展，中国古典名著频频亮相银幕，古典名著中的经典形象正是通过影视剧改编为当代观众所认知。中国古典四大名著等经典多次被改编，在不同的历史时期有不同的版本。以《西游记》的影视剧改编为例，自二十世纪二十年代以来，银幕上出现了大量的"西游戏"，影响较大的有：《孙行者大战金钱豹》（1926）、《女儿国》（1927）、《西游记孙悟空大闹天宫》（1927）、《猪八戒大闹流沙河》（1927）、《盘丝洞》（1927）、《孙行者大闹黑风山》（1928）、《西游记之无底洞》（1928）、《红孩儿》（1928）、《真假孙行者》（1928），等等。二十世纪六十年代，香港拍摄了《西游记》（1966）、《铁扇公主》（1966）、《盘丝洞》（1967）、《女儿国》（1968）、《红孩儿》（1975），内地拍摄了《孙悟空三打白骨精》（1960）等。二十世纪八十年代，内地又有一批西游题材的影片问世，如《火焰山》《孙悟空大闹无底洞》《真假美猴王》等。这些电影改编为此后相关电影文本的生产奠定了受众基础。1995年，周星驰推出的《大话西游》使西游电影呈现出一种后现代的新形态；2005年末上映的《情癫大圣》以"乱炖"式的大众化情节将这种后现代改编推向了顶峰。

由于电影片长的限制，上述影视改编通常选取名著中的经典情节、人物进行局部放大。例如，对于小说《西游记》的全景式改编要由有一定容量的电视剧来担当。二十世纪八十年代以来，《西游记》的电视剧改编出现了众多版本，如1982年版《西游记》、1996年版与1999年版《西游记》、2000年的《春光灿烂猪八戒》、2000年的《西游记后传》、2004年的《福星高照猪八戒》、2004年的《喜气洋洋猪八戒》。这些作品中最具特色的是杨洁执导、1986年上映的25集电视连续剧《西游记》，这个版本至今仍被奉为"西游戏"的经典。

《红楼梦》《水浒传》《三国演义》也有不同版本的影视剧改编，仅电视剧版《红楼梦》就有1987版与2010版两个风格迥异的版本。对于古典名著的经典情节、人物进行局部改编的作品更是不计其数。同时，对名著的解构也是异彩纷呈，"大话""戏说""恶搞"版不断涌现。

四大名著作为中国传统文化的集大成之作，其中的人物、情节、经典情境、物象都成为影视剧改编的关注焦点，孙悟空、武松、诸葛亮、林黛玉等经典人物也随着影视剧的传播，成为社会的一道风景。此外，古典小说名著如

《封神演义》《聊斋志异》等也被改编成电视连续剧。

（五）文化类综艺节目

近年来，随着中华优秀传统文化传承发展工程的不断推进，大量文化类综艺节目应运而生。这些节目涉及诗词、考古、语言、文博、地理、饮食等领域，形式多样，参与性强，有力地促进了传统文化的传承与传播。文化类综艺节目中最具影响力的当数以竞赛为主导的"大会"系列，如《中国汉字听写大会》《中国成语大会》《中国谜语大会》《中国诗词大会》《中国地名大会》《中国考古大会》《中国国宝大会》《中国书法大会》《中国米食大会》等。《中国诗词大会》不断创新形式，寓教于乐，参与性强，集知识性与娱乐性于一体，成为当代人了解中国古典诗词的重要媒介。《中国国宝大会》立足全国一百多家博物馆的近千件文物，以文博知识竞答为主体，设置"风云罗盘""合纵连横""无界五行""身临其境""国宝来了""群雄逐鹿""楚汉之争"等环节，引领观众踏上华夏文明探索之旅。《中国考古大会》以探秘文物出土过程为核心内容，引导观众进入考古空间，揭秘文明密码，同时理解考古工作发现、发掘、整理阐释、保护传承的使命。从最基础的汉字、成语，到诗词、地名、器物、书法，直至日常的稻米饮食，"大会"系列节目不断推陈出新，全方位发掘阐释传统文化基因，为观众打开了深入了解中华优秀传统文化的大门。

文化类综艺节目还包括：纪录片类节目如《美术里的中国》《我在故宫修文物》《如果国宝会说话》等，以访谈为主的节目如《朗读者》《见字如面》《遇鉴文明》等，综合表演类节目如《典籍里的中国》《经典咏流传》等。《典籍里的中国》以戏剧、影视、访谈相结合的方式，聚焦《尚书》《史记》《论语》《天工开物》等优秀文化经典，跨越时空，对话先贤，讲述典籍在五千年历史中的传承故事。《经典咏流传》通过当代人参与演唱经典的演绎形式，连接起中国传统诗词与当代大众文化，实现传统文化与当代社会生活的对接，在回归诗、乐、舞一体化源头的同时，也为当代人走近古典诗词搭建了桥梁。

文化类综艺节目以中国传统文化的传承与发展为核心，深入发掘传统文化的内涵，选取经典的传统文化意象，运用数字技术，打造全新的沉浸式体验空间，实现了从知识识记的竞技性展示到全面深入的故事化讲述、注重情感互动的场景体验的层级式跃升。如《中国考古大会》采用 AI+VR 裸眼 3D 技术，实现了与虚拟场景的交互。"关键柱"形制的主舞台是隐藏的第二个 XR 场景空间，能够在录制现场根据节目内容需要，实时生成不同的虚拟场景。录制现场的座椅旁巧妙融入内圆外方的礼器玉琮元素，演播室被打造成融合传统与现代的裸眼 3D 考古现场，呈现出虚实相生的视听效果，为观众带来了全新的体验。

四、中国乐舞

乐舞即"和乐以舞"，是音乐和舞蹈两种艺术形式的统一体，其特色是现场性。随着传播技术的进步，现场的概念也在发生变化，新媒体成为乐舞的重要传播渠道。广义上看，当代中国乐舞包括在舞台上表演的各种歌舞、戏曲形式。中国乐舞在传承中国传统戏曲、民间歌舞的同时，随时代发展衍生出敦煌乐舞、原生态民族舞蹈、景区歌舞表演、大型活动歌舞表演、影视新媒体歌舞表演等新形式。

（一）传统戏曲表演

传统戏曲艺术中的角色本身就是经典的传统文化意象，如京剧中的生、旦、净、末、丑都是中国文化的经典符号，它们不仅规定着具体的角色类型、风格、动作程式，还有着明确的意义所指。当代以来，传统戏剧如京剧、昆曲、越剧等由于地域限制以及年轻观众戏曲文化知识的欠缺，面临着严重的生存危机。如何发掘传统艺术资源的潜力，对传统戏曲进行现代转换，发挥其在当代文化产业中的影响力，是戏曲发展面临的问题。在这方面，青春版《牡丹亭》的创新尝试得到了观众的认可。该剧以青春与爱情为主题，在继承原著的内在意蕴的同时，结合现代观众的审美需求，在舞台设计、故事讲述与演员表演等方面精心改编制作，赋予古老的昆曲新的活力，吸引了大批年轻观众。杜丽娘、柳梦梅的才子佳人形象及其爱情故事成为当代经典。此外，新版越剧《红楼梦》《梁祝》等传统戏曲在当代的创新尝试，都获得了大众的认可。

（二）敦煌乐舞

敦煌艺术是中国独特的传统文化资源，舞台艺术是转化敦煌文化资源的重要领域。近年来，敦煌艺术在舞台剧的创作中不断创新，一大批优秀剧目频频亮相，在演出市场产生了巨大的影响。敦煌乐舞在舞台艺术领域的实践起步较早，可上溯到二十世纪二十年代梅兰芳在京剧《天女散花》中采用的伎乐菩萨造型的扮相。二十世纪五十年代，戴爱莲以敦煌壁画中的飞天伎乐为蓝本创作的双人舞《飞天》是当代第一部取材于敦煌壁画的舞蹈。舞蹈吸取传统戏曲中的身段、舞步和长绸舞的表演技巧，以绸带飞扬的舞姿造型和滑翔、腾跃的步伐，表现人们对新生活的憧憬。该舞蹈在 1955 年的世界青年学生和平与友谊联欢节上获奖。1979年，取材于丝绸之路和莫高窟壁画的大型民族舞剧《丝路花雨》在国内外舞台上获得了空前的成功。2000年，舞剧《大梦敦煌》先后获得中宣部"五个一工程"奖、中国舞蹈"荷花奖"，被誉为"可移动的敦煌"。敦煌乐舞的成功为传统文化资源的再生提供了范本。

（三）原生态民族歌舞

杨丽萍2003年编排创作的《云南映象》是一部原生态歌舞集。该舞蹈融传统和现代为一体，整合了原生态的乡土歌舞和民族舞经典舞蹈语言，以民俗仪式为中心，从生活耕种、图腾信仰、祭拜神灵到节庆纪念、战争祈福，以原生态的艺术语言展示了各民族独具特色的生活，充满浓郁的云南民族文化风情。作品的原生态主要表现在演员的原生态与演出服装的去舞台化：舞蹈中70%的演员是云南本土的少数民族，舞台上采用各民族的民间日常生活着装。该舞蹈展示了民族舞原生态的风貌及民族审美意识，演员的服装、道具、场景使其成为洋溢着蓬勃向上生命意识的民俗文化博物馆。该舞蹈在强调原生态的同时，对民间活态文化的改造开创了我国舞台艺术的新品种，拉近了民间歌舞与都市大众的距离，使民间歌舞舞台表演成功市场化。通过商业演出，在文化市场中将民族文化资源转化为民族文化资本，既实现了商业利益，也为民族文化的再生与传播树立了典范，取得了社会效益与经济效益的双赢，是民族文化再生产与民族文化转型的成功案例。在全球化时代，这种立足于少数民族传统文化意象的开发实践对于少数民族文化产品的生产开发、传播传承具有典型意义。

（四）景区歌舞表演

将自然历史文化资源舞台化的实景演出，是随着文化旅游的发展而产生的，是旅游演艺业演出形式创新的重要收获。山水实景演出既传承了中国传统山水理念，又得益于西方环境戏剧理念与旅游表演理念[①]，演出场地的选择通常以区域的经典旅游资源为核心，体现了旅游与演艺的完美结合。其中最具代表性的作品是张艺谋的"印象"系列大型山水实景演出。2004年，"印象"系列第一部《印象·刘三姐》公演，该剧将桂林山水的自然资源与刘三姐的民间传说以及当地的民俗巧妙结合，融文化、旅游为一体，打造出一场视觉盛宴。

---

① 黎学锐：《环境戏剧与旅游表演：山水实景演出的两个思想来源》，《贵州社会科学》，2017年第12期。

这种全新的表演形式在观众中引起了强烈的反响。随后，"印象"团队利用各地的文化资源，打造出《印象·丽江》《印象·西湖》《印象·海南岛》《印象·大红袍》《印象·普陀》《印象·武隆》等系列产品。"印象"模式迅速升温，各地旅游景区纷纷效仿。代表性作品如陕西西安华清池的《长恨歌》、湖南湘西凤凰古城的森林实景剧《边城》、湖南张家界的《天门狐仙·新刘海砍樵》、山东泰山的《中华泰山·封禅大典》、河南开封的《大宋·东京梦华》、河南登封的《禅宗少林·音乐大典》、河北承德的《鼎盛王朝·康熙大典》等。

这种"旅游+演艺"的形式在整合地域文化资源的同时，实现了演艺业与旅游产业链的协同。但这种模式也存在危及生态环境、创新性不足、过度商业化等问题。景区演出除了实景演出之外，还有剧场演出，代表性作品有"千古情"系列、"又见"系列等，景区剧场演出规避了实景演出的环境风险。

（五）大型活动歌舞表演

这类舞台艺术作品是为一些大型文化活动专门创作的，在节目创作与编排上紧扣演出活动主题，精心选择创作素材。这方面最具典型意义的是2008年北京奥运会开幕式的文艺演出。文艺演出上篇"灿烂文明"对中国的文字、绘画、戏曲、丝路、礼乐等传统文化意象进行了集中展示：中国独特的文字体系与印刷术，中国书画的笔墨纸砚与造纸术，中国古琴与戏曲的唱腔程式，中国的瓷器与青铜器，中国古老的丝路与礼乐文化，等等，诠释出中华文化的自信与开放。类似的还有2016年的G20杭州峰会开幕式演出、2022年的北京冬奥会开/闭幕式等。

（六）"新国潮"乐舞

技术进步推动着媒体融合，更多的传统舞蹈元素被搬上舞台，实现了华丽转身。河南卫视的"中国节日"系列作品最具代表性。2021年，河南卫视春晚节目《唐宫夜宴》以唐代的彩陶女俑为原型，以贾湖骨笛、唐三彩、《簪花仕女图》等为背景，通过5G+AR技术，将唐代仕女形象、服饰妆容、音乐、舞蹈融为一体，以独具特色的形象塑造展示了中国传统服饰、造型、舞蹈艺术的魅力。端午节晚会开场舞蹈《洛神水赋》取材于顾恺之的绘画《洛神赋图》与曹植的《洛神赋》，以水下舞蹈的形式展示了洛神"翩若惊鸿，婉若游龙"的情态。此外，"七夕奇妙游"的《龙门金刚》、"中秋奇妙游"的《墨舞中秋帖》、"重阳奇妙游"的《有凤来仪》等舞蹈，将中国传统的节庆文化与舞蹈艺术结合起来，选取传统文化中的经典叙事进行演绎，成为各大媒体平台上的现象级作品。

（七）跨界乐舞

随着对文化资源开发利用的深入，传统舞蹈艺术与相关艺术形式的跨界探索不断取得新成果，创新型舞蹈艺术就是在这种条件下产生的。

1. 武舞融合

中国舞蹈史上素有"武舞同源"之说，2005年演出的舞剧《风中少林》是武舞融合的创新形式。该剧以少林寺这一文化品牌为载体，将武术与舞蹈、现代元素与传统故事、现代流行艺术形式与河南地域文化以及舞美、灯光、音效等多种手段完美结合，用舞剧艺术来演绎武术故事，是中国舞剧史上的首创，也是对中国武术艺术化路径的探索。舞剧以中国古典舞为主要动作语言，将少林功夫的展示融入古典舞讲述的爱情故事，既展示了中国古典舞的文化底蕴，也体现了少林功夫的侠义精神。武术的阳刚与古典舞的阴柔相互映衬，充分表现了中国古典文化的侠骨义胆、百转柔肠。[1] 这一创新形式给观众以新鲜的审美感受与强烈的视觉震撼。《风中少林》不仅在国内舞台上取得了巨大的成功，还走出国门，推动了中国古典文化的对外传播。

2. 诗画乐舞

2021年首演的舞蹈诗剧《只此青绿》将舞蹈与绘画相结合，在舞台空间上展示宋代绘画《千里江山图》，融中国传统绘画、服饰、色彩、舞蹈于一体，是舞蹈形式创新的重要收获。该剧随后登上2022年央视春晚，并在各地巡演，吸引了大量观众。剧作通过展卷、问篆、唱丝、寻石、习笔、淬墨、入画七个篇章，以穿越的展卷人视角讲述王希孟创作《千里江山图》的故事。舞蹈将中国式审美趣味融入精巧的编排与叙事穿插，成为创新转化中国传统文化资源的经典之作。

---

[1] 冯双白、茅慧：《中国舞蹈史及作品鉴赏》，高等教育出版社，2010年，第124页。

第三章 中国传统文化意象的当代意义

第一节 中国传统文化的现当代演进

近现代以来，中国社会经历了由传统的农业社会向工业社会、信息社会的转型。社会转型过程中，传统与现代的激烈冲突导致文化传统遭遇危机。然而，传统文化并没有消亡，知识分子的现代性焦虑，以新儒家为代表的学人对文化传统的捍卫，以及对传统文化现代化路径的探索，使中国传统文化得以继续发展。二十世纪八十年代以后，文化寻根思潮率先在文学创作领域酝酿，拉开了传统文化复兴的序幕。消费社会大众文化的兴起，推动了传统文化的全面复兴。

一、社会转型与文化传统遭遇的危机

（一）近现代以来的中国社会转型

1. 社会转型

社会转型（social transformation）的概念源自西方社会学的现代化理论，它借鉴生物学中 transformation 的概念，用以描述社会结构具有进化意义的转变。[1] 社会转型是社会生活各个领域发生的整体性改变，这些改变既包括宏观的社会政治经济结构、文化观念的变化，也包括微观的人类生活方式的变迁。

---

[1] 张雄：《社会转型范畴的哲学思考》，《学术界》，1993年第5期。

关于近代以来的社会转型，西方社会学家有着不同的表述，如亨利·梅因提出的从"身份社会"向"契约社会"的转变，斯宾塞提出的从"军事社会"向"工业社会"的转变，涂尔干提出的从"机械团结社会"向"有机团结社会"的转变，马克斯·韦伯提出的从"前现代社会"向"现代社会"的转变，乌尔里希·贝克提出的从"宗教社会"向"世俗社会"的转变，等等。这些观点从不同视角对近代以来的社会转型进行了系统分析。在最本质的意义上，生产力发展带来的生产方式变化是社会转型的主要动力。在人类发展的历史上，农业社会进入工业社会的动力源自机械化对人力的取代，计算机与信息技术的发展将人类带入了后工业的信息社会。

社会转型是一个整体性、渐进的复杂过程。社会是一个联系的整体，政治、经济、文化三个领域相互依存、相互促进，构成社会的有机体。在社会转型过程中，社会生活的政治、经济、文化领域都会发生深刻的变化，但三者变化的步伐并不一致。生产力的发展推动经济领域的变革，这一变革必然引起政治体制和思想文化的变化。经济、政治的变革与制度相关，较之文化的变革更为迅速。作为生活方式的文化全面渗透人类的社会生活，并且具有历史传承性。这种共时态的普遍性与历时态的连续性使其在社会转型过程中成为变革的最大阻力。因为要改变人们的生活方式、思维方式、价值观念，不是一朝一夕能够实现的。这就造成了社会转型的渐进性。同时，社会转型涉及经济、政治、文化各个领域，是从生产、生活方式到价值观念的系统变革。不同的社会生产状况与文化背景都有其特殊性，因此，不可能存在一个现成的通用模式。不同的国家必须针对自身现实状况，采取适合自身特色的变革模式。

2. 近现代以来的中国社会转型

近现代以来，中国经历了由传统社会向现代社会的转型。在由传统社会向现代社会转型的过程中，发生过一系列具有重大历史意义的事件，如二十世纪初期的辛亥革命与五四新文化运动、二十世纪后期的改革开放等。这些事件集中反映了社会转型的复杂性。

中国社会由传统向现代的转型可上溯到十九世纪中期的鸦片战争。帝国主义的坚船利炮打开了中国的国门，西方社会以战争惊醒了古老的中国。"欧洲文化中改变中国传统习惯的，除了战争，就是商业和知识这两方面。但这两方面的影响都是依赖武力而奏效的。如果我们没有在战争中打败中国，那么中国肯定不会开放门户，也不会接受西方思想。"① 实质上，战争只是国家间冲突的一种形式，其深层的意义则在于现代工业社会对中国传统农业社会形成的巨大冲击。痛定思痛，反思战争的失败，"自强""求富"成为国人对失败的总结，于是经济领域的变革全面展开。以"师夷长技以制夷"为目标的洋务运动大规模引进西方先进的科学技术，使中国出现了第一批近代企业。洋务运动创办了新式的军事工业，训练新式军队，筹建南洋、北洋和福建三支海军，同时大力发展民用工业，兴办轮船、铁路、电报、采矿、纺织等各种民用企业，是中国经济现代化的尝试。与经济变革相适应，政治、文化领域也发生了新的变化，如兴办新式学堂、派遣留学生、创办报刊，通过不同途径全方位地促进社会变革。其后，政治领域的维新变法、文化领域的新文化运动是经济变革对政治、文化领域提出的新要求，是社会转型在政治文化领域的体现。

1911年的辛亥革命是一场政治革命，它废除了两千余年的封建帝制，建立了民主共和国，在中国历史上是一次天翻地覆的变化。1919年的五四新文化运动是与政治革命相应和的文化领域的变革，它高举科学、民主的旗帜，倡导民主、科学、进步的新文化。二十世纪初的辛亥革命与新文化运动的爆发是社会转型过程中各种矛盾的集中体现，也是中国社会由传统走向现代的开端。

以经济领域的改革开放为开端，中国社会的第二次转型发生在二十世纪八十年代。如果说鸦片战争以后中国的社会转型起因于战争这一外力的推动，二十世纪八十年代的社会转型则虽有外力的作用，更多是源于社会的内部需求。经历了二十世纪五六十年代曲折发展后的中国，到了二十世纪八十年代，顺应世界发展的大潮，经济改革由农村向城市迅速展开，政治与文化领域的变革也全面展开。改革开放是中国立足当代社会历史语境进行的一场深刻变革，这次社会转型是结构性、全方位的，把中国的现代化进程向前大大推进了一步。

中国近现代以来的社会转型有其自身的特殊性与复杂性。"一百来年间，中国发生的自然灾害、社会动乱、帝制解体、国内战争、对外战争等，交织在一起，造成中央集权的国家体制的破坏，国家主权与统一的破损，社会秩序的混乱，大量资源的破坏与浪费，民族精神的损伤，等等，这些是世界其他国家处在同一历史转型期所罕见的。"② 这种特殊性具体表现为两点。第一，转型的艰巨性。在社会转型过程中，现存的文化承受着巨大的压力和冲击。社会转

---

① [英]罗素：《中国问题》，秦悦译，学林出版社，1996年，第56页。
② 罗荣渠：《现代化新论：世界与中国的现代化进程》，北京大学出版社，1993年，第334~335页。

型必然要求文化发生一系列深刻的变迁，要求文化适应并推动社会转型，但由于文化本身的滞后性和强大的惰性，它更有可能成为社会转型的阻力。中国传统社会历史悠久，社会结构稳定，文化发达并且形成了完善的文化体系，这种文化体系在社会变革过程中往往会显示出巨大的惰性。这就决定了在社会转型过程中，传统与现代的矛盾空前尖锐。自然经济对商品经济的抗拒，传统价值观对现代价值观的抵抗，宗法式伦理对个性发展的压抑等，诸多因素决定了中国社会转型必然困难重重。因此，这是一场艰巨、痛苦却又是伟大的变革。第二，转型的立体性、多元性。从中国当代的社会发展现状来看，中国地域辽阔，政治经济发展不平衡。目前一些地区还处于传统的农业社会，一些地区则处于现代工业社会，一些经济发达地区已经进入后工业时代的信息社会。这种社会现实决定了中国的社会转型是一种立体的、多元的转型，既是从农业社会向工业社会的转型，也同时是从工业社会向知识社会的转型。[①] 从外部环境来看，由于国际经济的发展，中国社会转型的外部环境极其特殊。"我们不是在西方工业文明方兴未艾之际来实现由传统农业文明向现代工业文明的现代化转型，而是在西方工业文明业已高度发达，以至于出现某种弊端和危机，并开始向后工业文明过渡之时才开始向工业文明过渡的。这种历史错位给中国的现代化带来了特殊的历史定位，它使得原本应当以历时态依次更替的农业文明、工业文明和后工业文明及其基本的文化精神在中国的嬗变和演进，由于中国置身于开放的世界体系之中而转化为共时的存在形态。"[②] 这种状况使得中国的社会转型驳杂而多元。

（二）中国文化传统遭遇的危机

1. 传统与现代的矛盾

传统由"传"和"统"两个层面构成。"传"指的是纵向的延续性，即过去有而现在依然存在的东西；"统"指的是横向的拓展性与权威性。传统是历史上延续下来的思想文化、制度规范、风俗习惯、宗教艺术、思维方式、行为方式的总和。传统是由过去向现在、未来的时间向度上的连续性。这种在时间序列中延伸的文化传承性将文化的过去与现在联系在一起。需要指出的是，传

---

① 王雅林：《中国社会转型研究的理论维度》，《社会科学研究》，2003年第1期。
② 衣俊卿：《文化哲学——理论理性和实践理性交汇处的文化批判》，云南人民出版社，2001年，第35页。

统不是一成不变的，过去的生活方式、思想观念在时间的流逝中必然会随着环境的变化发生相应的变化，但是这种变化是缓慢的。对于激进的社会变革，传统往往会表现出相当大的惰性，成为社会转型的阻力。

与传统相对的是现代。现代本来是个时间的概念，指的是居于过去和将来之间的相对历史时期。如果说传统指的是由过去向现在的延续性，现代则指的是当下性。从社会学意义上讲，与传统社会相对应的现代社会既是一个时间概念，也指社会的现代化。不仅如此，现代还被赋予了多重意义。它不仅仅是来自一个历史分期概念或年代学上"古代"与"现代"的划分，社会的现代化、美学的现代性、艺术思潮的现代主义都与其相关。

从时间的向度上看，尽管现代与传统在时间上有着承续关系，二者的价值取向却截然不同。传统与现代有着不同的价值指向：传统往往强调由源至流的连续性，现代则突出当下性。如果说传统强调的是过去对于现在的源头性与优先性，现代强调的则是对于过去的突破与超越。马克斯·韦伯认为，现代是以理性、进步、自由、民主为标识和价值支撑，而传统则是其对立面。传统和现代是两个互不相容的范式。因此，传统是现代化的主要障碍。在社会由传统向现代转型的过程中，传统往往会成为现代化的最大羁绊。人们对传统的反对与弃绝势必造成传统文化的危机，直至威胁文化传统的连续性。

2. 激进的反传统

如前所述，社会转型是全方位的经济、政治、文化的变化。其中，文化的变化往往滞后于政治经济，因此成为社会发展的阻力。在有着悠久传统的中国，传统文化的惰性表现得更加突出，这也使传统与现代的矛盾空前尖锐。1919年爆发的五四运动虽因巴黎和会而起，其实质则是一场适应政治经济转型的文化运动。这场运动向传统文化发起了猛烈的攻击，使传统文化面临挑战。新文化运动提倡民主，反对封建专制；要求社会平等和个性自由，提倡科学，主张以科学的法则来判断一切。1915年，陈独秀参与创办的《青年杂志》（1916年更名《新青年》）传播西方科学、民主等观念，呼吁青年人救国图存。陈独秀认为旧事物是腐朽的，因而是敌人，人们必须将之铲除："若是决计革新，一切都应该采取西洋的新法子，不必拿什么'国粹'，什么'国情'的鬼话来捣乱。"[①] 新文化运动中，有人提出"打倒孔家店"的口号，向以儒家文化为主流的中国传统文化发起猛烈的攻击。胡适支持这一观点，认为："应该

---

① 陈独秀：《今日中国之政治问题》，《新青年》（第5卷第1号），1918年7月。

使我们明白那五千年的精神文明，那'光辉万丈'的宋、明理学，那并不太丰富的固有文化，都是无济于事的银样镴枪头。"① "我们必须承认我们自己百事不如人"，"死心塌地地去学人家"②。新文化运动后，胡适等人发起"整理国故"运动，北京大学、东南大学、清华大学、厦门大学等高校相继成立了国学院或类似机构。这似乎与新文化运动相矛盾，实质却是更为彻底地落实新文化运动所倡导的科学精神。

胡适主张"第一用历史的眼光来扩大国学研究的范围；第二用系统的整理来部勒国学研究的资料；第三用比较研究来帮助国学的材料的整理与解释"③。科学精神与方法的引入对于国学的研究功不可没，但是研究者对国学的态度和价值判断却让人疑虑。在《〈国学季刊〉发刊宣言》中，胡适解释了"国故"的概念："中国一切过去的文化历史，都是我们的'国故'。研究这一切过去的文化历史的学问，就是'国故学'，省称'国学'。"④ 并把"国故"之"故"释为"过去""死亡"，将"整理国故"比喻成"打鬼"。⑤

作为新文化运动的代表人物，陈独秀与胡适的看法在当时很有代表性。中国几千年的传统文化和价值观在当时被判定为现代化的障碍，是必须加以扫除的东西。"中国"的国家形象在当时的文学作品中常常被表现为一个急需医生的病人，其病因则是传统。"疾病和传统被划上等号，以至于现代性成了推翻偶像的代名词。直到今天中国的语言空间中还存留着一个被低估的过去和一个被高估的当代观念的影响。"⑥ "黑暗"的旧中国与"光明"的当代成为新文化运动时期的流行语。新中国成立后，在二十世纪六七十年代，中国传统文化则在政治运动中再次遭受猛烈冲击。

3. 中国文化传统遭遇的危机

近现代以来，在由传统社会向现代社会转型的过程中，中国传统文化始终是社会变革过程中激进派革命的对象。这种激进的文化运动在一定程度上造成了中国传统文化的危机。

伴随着传统社会秩序的瓦解，原先作为全民族共同认可的文化根基和精神

---

① 胡适：《胡适全集（第四卷）》，安徽教育出版社，2003年，第505页。
② 胡适：《胡适全集（第三卷）》，安徽教育出版社，2003年，第31页。
③ 胡适：《胡适全集（第二卷）》，安徽教育出版社，2003年，第17页。
④ 胡适：《胡适全集（第二卷）》，安徽教育出版社，2003年，第7页。
⑤ 胡适：《胡适全集（第三卷）》，安徽教育出版社，2003年，第147页。
⑥ ［德］顾彬：《二十世纪中国文学史》，范劲等译，华东师范大学出版社，2008年，第8页。

支柱的中华传统文化也遭遇了危机。与此同时，各种思想观念、政治主张纷纷涌入国门，使人们陷入了精神的困顿。从二十世纪初的"'五四'时期起，对中国人来说，既是中西文化开始真正会通并获得成果的时期，也是中国传统文化断裂的时代，中国人由此开始了'寻根'的艰苦路程"①。具体地说，新文化运动中，人们提倡白话文，反对文言文，使中国古典文学形式失去了存在的根基，一代知识分子在言说方式上陷入被动的境地。"1919 年的偶像破坏者还是在传统下成长起来的，他们同时拥有新旧两种文化，他们有能力在东西方之间，在传统与现代之间，在新旧之间做出选择，甚而有能力做出中国和西方之间的综合。仅仅在语言这方面就已经产生了深远影响：鲁迅和周作人文风之优雅迄今无人能及，更谈不上超越。与此相比，1949 年后大多数作家的语言贫乏格外引人注目。后辈人承受了这一后果，具体地说是那些不再能享受国学教育的人，他们因此不再拥有旧文化，只拥有新文化。往回退一步的机会当时没有，也许永远不会有。中国曾经真实而具体的存在开始渐渐消逝，且被一种形象取代，这个形象直至今日还在毫无内容的陈词滥调中重复着——这就是历史悠久的古老文化的形象。"②

这种文化传统遭遇的危机影响深远，直至今天仍然时时显现。其最突出的表现就是二十世纪成长起来的几代中国人与中国文化传统的隔膜以及历史感的缺失。学者金耀基曾说，"二十年代是看不起中国文化，九十年代是看不见中国文化"③。二十世纪二十年代的激进反传统，使那些在传统文化被打碎、新文化尚未建立的时期成长起来的中国人，精神上无可依附。新儒家把这种危机概括为"意义的危机"，其具体表现为道德的迷失、存在的迷失、形而上的迷失。

二、现代性焦虑与文化寻根

文化传统是一种内在的、全方位影响人们的行为观念的深层文化，它不同于表层的器物文化以及中层的制度文化。文化传统对生活于其中的个体的影响是隐性的，因此，想彻底祛除传统文化对个体的影响不是一件轻而易举的事情。伊格尔顿曾经用一个"提起自己的鞋袢想把自己提起来"的比喻来说明传

---

① 谢地坤：《文化保守主义抑或文化批判主义——对当前"国学热"的哲学思考》，《马克思主义哲学研究》（第 1 辑 2011），中国社会科学出版社，2012 年，第 452 页。
② ［德］顾彬：《二十世纪中国文学史》，范劲等译，华东师范大学出版社，2008 年版，第 26 页。
③ 金耀基：《金耀基自选集》，上海人民出版社，2002 年，第 342～343 页。

统对个体的影响：一方面人们拼命要摆脱传统，另一方面这种行为又宿命般的徒劳无功。这种在传统向现代转型过程中内化于主体心理的焦虑，构成了现当代知识分子的心理背景，现代性焦虑成为他们无法逃脱的心理阴影与沉重负担。

（一）现代性焦虑

现代性从根本上说是暧昧的。它预示了自由和进步，但同时也在理性化过程中制造了"钢壳"（stahlharte Gehäuse，马克斯·韦伯）。因此，现代性总是与焦虑、苦闷相联系。在社会转型中，肩负启蒙与救亡双重使命的知识分子一方面对未来充满憧憬，但这种与旧世界毅然决绝的勇气与对未来世界的美好幻想，在与现实相遇时让他们深感绝望。矛盾与绝望构成了被现代性裹挟的知识分子内心深处的焦虑。这种焦虑主要体现为传统的焦虑、身份的焦虑、失语的焦虑。

1. 传统的焦虑

传统并不是一个人可以随便抛弃的物件。在历时的层面，它是个体隶属的群体文化的长期累积；在共时的层面，它构成了个体成长的大环境。一些中国知识分子将传统视为现代化的桎梏与羁绊，拼命地摆脱和消灭传统，却始终无法摆脱传统的影响。传统渗透在个体生活的各个领域，彻底放弃自己的传统文化，彻底改变一个有着几千年历史、个性特别明显、渗透于日常生活每一个细节的文化，从理论上看，中国人是难以做到的。新文化运动对中国传统文化的质疑和否定，在一定程度上是表层的，并没有使传统文化彻底消亡。可以说，这场运动所摧毁的主要是传统文化的器物层与制度层，而传统文化深层的观念、心理、价值体系并没有消亡。

同时，五四运动以来的"全盘西化"在客观上并不具备操作性，不用提及深层的价值系统，即使是一些表层的艺术形式，也并没有完全被当时的人们摒弃。即便是一些激进反传统的知识分子，最终也无法彻底抛弃传统。例如，将传统的仁义道德视为"吃人"的鲁迅，在其小说创作中也借用古代的神话故事来创作自己的《故事新编》。新文学的乡土小说尽管揭露了民间乡土社会的凋敝，却也在批判国民性的同时为现代化过程中焦虑的人们描绘了一个乡土乌托邦世界。这种恨爱交加的两难境地成为一代知识分子心路历程的折射。这种深陷传统的"铁屋子"，想挣脱又无力摆脱的焦虑，即"梦醒了无路可走"，是一代知识分子传统焦虑的典型体现。

2. 身份的焦虑

如果说传统的焦虑是知识分子面对传统与现代的矛盾的内心挣扎，那么身份的焦虑则表现为他们在审视自己内心时的迷茫。激进地反传统，使他们急于与传统文化断绝关系，但是，离开了传统，他们却无法确立自己的文化身份，由此引发了身份认同的危机。英文中"身份"与"认同"是同一个单词（identity），心理学意义上的认同指的是同一性、一致性，即个体在成长过程中对自我所扮演的不同角色的认知上的一致性。简单地说，身份认同就是要回答"我是谁"的问题。个体总是生活在特定的群体中，个体对自身所属群体文化的认同即文化认同或文化身份认同。在人生特定的成长阶段，如青春期，或社会发生变革的转型时期，由于角色的迅速变化，这种一致性受到冲击，往往会引发主体身份认同的危机。

对于一种文化的认同，主要表现为对这种文化独特的生活方式、思维方式、价值观的遵循和顺应，并由此带来心理上的归属感，其中最核心的是对文化核心价值观念的认同。"文化认同的目的是寻求生存方式的稳定性，而文化的冲突打乱了稳定性；文化认同的目的是寻求生存方式的持续性，而快速的社会变化断裂了持续性。"[1] 五四运动以来的近代社会转型打破了旧有的生活方式，几千年来儒家的核心价值观念受到颠覆与批判，文化的连续性与同一性受到冲击，价值观念的危机直接导致了主体文化身份认同的危机。无论是激进的革命派还是落后的保守派，在巨大的社会变革中，传统文化被打碎，自由民主的社会价值体系未能如愿到来。"长期以来，对一切价值的重估引起了一个双重性问题，这个问题决定了至今的知识分子话语：（1）人们放弃了自身中的身份，但是结果表明，他们并未能在他者中获得完全的身份。（2）人们所放弃的东西永远不能再恢复。两者并不是立竿见影，而是随着时间推移才形成了问题。"[2]

3. 失语的焦虑

在具体的话语层面，现代性焦虑则表现为失语的焦虑。近现代以来，中国人对西方的学习从"师夷长技以制夷""中学为体，西学为用"变为"全盘西化"，中国文化节节败退。"全盘西化"的导向使中国以西方的社会发展模式为

---

[1] 胡纪泽：《中国人的焦虑》，中国城市出版社，2013年，第296页。
[2] ［德］顾彬：《二十世纪中国文学史》，范劲等译，华东师范大学出版社，2008年，第26页。

样板,对中国社会进行全面的变革。五四运动以来,对中国传统言说方式、价值体系的彻底弃绝,使中国知识分子急于在西方知识体系中寻求解决中国问题的灵丹妙药,只是这种寻求最终以失败收场。"推翻了传统的人势必失去根源,不能通过师法西方赢得与西方的平等关系的人同样没有未来。"[①] 植根于西方文化传统的知识价值体系并不是中国知识分子梦想的乌托邦,同时,在异己的话语体系中,自身也丧失了话语权,不得不陷入失语的焦虑。"从文化发展观来看,中国人近代接受西方文化,完全是因为我们这个古老的文明体系在近代遭遇到前所未有的挑战,迫使我们必须在传统文明与现代工业文明之间加以痛苦的抉择而不得不做出的决断。实事求是地说,在与强大的西方文明相遇之际,我们曾经试图保持自己'中央大国'的尊严,但思想观念的落后及由此带来的整个国家的全方位衰落是显而易见的事实,它使我们的传统文明陷入了一种'失语状态',我们不得不用西方式的概念系统来表达我们的思想,甚至某些时候因为矫枉过正还出现了否定传统、全盘西化、民族虚无主义的倾向。"[②] 失语的焦虑即知识分子在面对西方文化时丧失了话语权与言说方式。由于中国人文社会科学的研究是在西方话语体系中建构起来的,这种失语的焦虑在这些领域的表现尤其突出。当代以来中国古代文论研究中的"失语症"便是其典型体现。

综上所述,现代性焦虑是二十世纪中国知识分子的集体心理病症,它体现了传统与现代、中国与西方的文化冲突。社会转型中的知识分子不得不放弃自己的文化身份,却又找不到新的情感归属。面对西方文化体系,他们只能作为一个局外人,进行捉襟见肘的效仿,而完全丧失了作为主体的文化自信。这种焦虑伴随着中国现代化的整个历程。

(二)新儒家与传统文化的现代化

与主流知识分子的焦虑相对应,中国知识分子群体中的保守主义者在面对西方文化的全面进攻时,竭力维护中国传统文化的价值体系,使其在二十世纪得以传承延续。这个群体即民国以来的新儒家。新儒家不仅从价值观、生活方式、话语体系等各个层面全力捍卫中国文化传统,还努力探求传统文化与现代社会融合的路径,以实现中国传统文化的现代化。

---

① [德]顾彬:《二十世纪中国文学史》,范劲等译,华东师范大学出版社,2008年,第24页。
② 谢地坤:《文化保守主义抑或文化批判主义——对当前"国学热"的哲学思考》,《马克思主义哲学研究》(第1辑2011),中国社会科学出版社,2012年,第450~451页。

1. 新儒家对文化传统的捍卫

新儒家是指新文化运动以来,在全盘西化的思潮中,站在民族文化立场上,直接回应反传统潮流,坚决反对全盘西化,维护中国传统儒家文化的价值观,激活中华文化的生命力,以创造性地重建传统为使命,谋求中国文化和社会现代化的哲学和文化学派。新儒家以梁漱溟、张君劢、熊十力、钱穆、唐君毅、牟宗三、徐复观等为代表,他们"以儒家为中国文化的正统与主干,强调心性之学;以中国历史为一精神实体,历史文化之流程即此精神实体之展现;肯定道统,以道统为立国之本、文化创造之源;强调对历史文化的了解应有的敬意和同情;富根源感,因此强调中国文化的独创性或一本性;有很深的文化危机意识,认为危机的造成主要在国人丧失自信;富宗教情绪,对复兴中国文化有使命感"[①]。

对于"心性之学"的强调是新儒家的突出特色;"内圣开出新外王"是新儒家的道德主张。他们认为,只有重建儒家的道德形上学,才能从根本上重新确定儒家的人生理想和价值系统。因此,现代新儒家都特重儒家内圣之学,强调发挥人的道德主体性,并以此返本开新,实现"内圣"与"外王"的统一。现代新儒学推崇同情和敬意的主观研究法,他们一再呼吁研究中国伦理文化的世界人士,不要抱着客观冷静的态度去研究,而要抱着同情尤其是敬意的态度去研究;认为"对一切人间的事物,若是根本没有同情与敬意,即根本无真实的了解","此敬意是一导引我们之智慧的光辉,去照察了解其他生命心灵之内部之一引线","敬意向前伸展增加一分,智慧的运用,亦随之增加一分,了解亦随之增加一分。敬意之伸展在什么地方停止,则智慧之运用,亦即呆滞不前"[②]。新儒家认为,"中国传统儒家文化是一种生命文化,对生命的研究不应该诉诸科学的研究方法而只能诉诸对生命本身的同情与敬意,如果用科学方法来研究儒家文化只会造成把文化推出生命以外。视其为外在的材料的纯客观倾向,这样一来则儒家文化则死矣"[③]。

[①] 罗义俊:《评新儒家》,上海人民出版社,1989 年,第 2~3 页。
[②] 牟宗三等:《为中国文化敬告世界人士宣言》//封祖盛:《当代新儒家》,生活·读书·新知三联书店,1989 年,第 8~9 页。
[③] 唐凯麟、曹刚:《重释传统:儒家思想的现代价值评估》,华东师范大学出版社,2008 年,第 385~386 页。

2. 传统文化的现代化

新儒家在竭力捍卫儒家文化传统的同时,并不固守,而是始终寻求传统与现代的对接。对传统文化现代化路径的探索是新儒家的重要使命。在中国现代化道路的选择上,存在着自由主义、保守主义和中国特色三种观点。自由主义的西化派认为,西方式的个人本位主义和功利主义是中国现代化的有机构成与必由之路,主张照搬、学习、吸取西方文化。例如,胡适认为,既然中国的传统道德和伦理文化不如西方近现代的道德和伦理文化,那么中国的现代化就不能指望通过复兴儒学伦理的自然转型来完成,唯一正确的选择只能是实行全盘西化。西方近现代以个人为本位的文化既是过去三四百年人类文化发展的"大潮流""大方向",也是今后世界文化发展的大趋势。中国只有走西方文化现代化的道路,才能解放中国的民族精神,造成"有人味的文明社会",[①] 实现中华文化的重建。与之相对的现代新儒家向往东方式的文明,即在弘扬儒家义理之学和心性本体的基础上,吸纳西方文化中自由、平等、博爱的思想,实现返本基础上的开新。现代新儒家的现代化是力图在保持以中国传统儒家文化为本体和主导地位的基础上,接纳和会通西方文化。他们认为,吸收和接纳西方的观念,并不是要以此来重建新的中华伦理文化,而是为了补充和辅助传统的儒家伦理,使之更完善、更全面,进而成功地实现由传统文化向现代文化的自我转型或转化。马克思主义者反对自由派与保守派的现代化就是西方化或东方伦理化的观点,主张将先进的西方伦理学说与中华民族固有的优秀的道德思想结合起来,即建设一种以马克思主义伦理观为核心,批判地继承民族传统伦理和西方乃至全人类一切优秀伦理文化,立足本国又面向世界的高度发达的新的社会主义伦理文化。

与新儒家和马克思主义者对传统文化现代化路径的探索相呼应,在现代化过程中,传统文化的现代化也是现代中国知识分子关注的焦点。例如,在二十世纪开始的新民主主义革命过程中,在新民主主义文化建设中,不止一次地提出过文艺的民族化、大众化问题。其中,对于文艺形式的民族化、大众化的倡导,实质上就是要复兴传统艺术形式,以创作出为人民群众喜闻乐见的新民主主义文化。民族化、大众化的主体是中国民众,其文化根基则是中国文化的民间传统,而不是西方的现代文化。贯穿二十世纪文化发展的民族主义、大众文化主题是传统文化现代化在不同层面的显现。二十世纪晚期的改革开放使民族

---

① 胡适:《胡适四十自述》,人民日报出版社,2013年,第176页。

文化的价值得到重新评估，传统文化再次走进人们的视野，传统文化的现代化被正式提上议事日程。例如，学术界关于中国古代文论的现代转换的讨论，便是全球化语境下中国传统文化全面复兴的产物。中国知识分子面对西方强势话语，第一次以主体的身份要求重建中国传统的学术话语体系，以拯救中国传统文化，实现中国与西方的平等对话。这种现代转换因知识分子对传统、身份、失语的焦虑而生，旨在弥合传统与现代之间的裂痕，在现代知识体系中为中国传统文化找到一席之地。

（三）寻根思潮与传统的回归

1. 寻根思潮的文化背景

二十世纪八十年代，中国兴起了一股强劲的文化寻根思潮。文化寻根即是对自己所隶属的文化根脉的回溯。寻根思潮的兴起有着内外两个方面的因素。国际文化热是寻根思潮兴起的文化大背景，中国的政治经济环境是其内在动因。

二战以后，西方哲学思潮发生了转向，人道主义的观念在世界哲学界逐渐占据优势。人道主义、人文主义正是中国儒家思想的核心。西方哲学对人的关注源自西方对于现代化的反思。西方的现代化、工业化在为人类带来物质生活极大丰富的同时，并未能使人类得到全面解放。二十世纪的两次世界大战给人类带来了巨大的灾难。二十世纪六十年代以后，科技快速发展带来的环境污染、心理问题、反文化等一系列问题，使科技理性的力量受到质疑，人们转而关注东方文化中的东方式智慧。美国物理学家、未来学家赫尔曼·卡恩认为，在今天的条件下，一切具有儒学文化传统的社会都能很好地适应现代化的过程。因为儒家伦理对人的培养，将促使新儒学社会比其他文化较发达的社会更能使经济和社会有效运转。其依据是二十世纪六十年代以来东亚儒家文化圈经济的迅速发展。他预言，由于儒家比西方社会更强调人与人关系的相互补充，新儒学文化比西方文化更能适应现代化的需要。[①]

从国内来看，二十世纪八十年代上半期，随着思想解放的深入和对外开放的加速，西方近现代的各种哲学、文化著作被大量引进。萨特的存在主义、弗洛伊德的精神分析学、尼采的生命哲学纷纷成为学界关注的热点，神话学、民俗学、文化人类学、发生学、结构主义等文化哲学理论的引入在思想文化界产

[①] 罗义俊：《评新儒家》，上海人民出版社，1989年，第22~23页。

生了广泛的影响。社会的开放与多元,使人们的思想空前解放。在不同文化思想的交流碰撞中,在东西方文化的对照中,中国传统文化的价值逐渐受到关注。思想领域的开放逐渐淡化了政治在意识形态领域的威权,文化成为人们思考问题的基点。横向的中西文化比较,纵向的对传统文化的认知、发掘与传承,成为中国传统文化研究的核心。

回顾历史,二十世纪八十年代的文化寻根思潮与新文化运动之间存在着深刻的冲突,这种冲突贯穿那一时期中国文化的发展,它反映了世界化与本土化、现代性与民族性、横向接受与纵向继承之间的矛盾。尽管如此,二者在传统文化现代化这一目标上却体现出内在的一致性。从新文化运动到二十世纪八十年代的文化寻根思潮,贯穿其中的是知识分子对传统文化的反思与回顾。发掘传统文化之根,承续传统文化血脉,重塑民族文化之魂……其目标都在于促成传统文化的现代转型。在这个意义上,文化寻根思潮的兴起可以说是中国传统文化现代化这个母题在当代的发展与延续。

2. 寻根文学与传统的回归

寻根思潮是思想解放的产物,也是对知识分子精神的大松绑——面对一个开放的世界,他们终于可以回顾自己身处的传统,重新审视传统。文化寻根思潮发端于文学领域,1985年,韩少功在《作家》四月号上发表《文学的"根"》一文,提出文化寻根问题。同年,郑万隆在《上海文学》第五期上发表了《我的根》;7月,阿城在《文艺报》上发表了《文化制约着人类》;9月,李杭育在《作家》发表《理一理我们的"根"》。短短几个月内,这些作家纷纷将目光聚焦于文化之"根",在当时的文坛上引起了轰动。

事实上,在1984年12月于杭州召开的"新时期文学:回顾与预测"小说研讨会上,上述作家已就"文化寻根"的集体行动达成了共识。韩少功的《文学的"根"》被视为"寻根文学"的"宣言"。作者在文中着重强调了凝固在乡土中的传统文化对中国文学的重要意义,"文学有'根',文学之'根'应深植于民族传统文化的泥土里,根不深,叶则难茂"[①]。乡土中的俚语、野史、传说、民歌、故事、习俗等原生态的文化资源,更多地显示出生命的自然面貌,潜藏着巨大的能量,是文学创作的重要原材料。在这样的创作主张指导下,渗透着东方式审美观念的寻根文学成为1980年代文学创作的一道风景。韩少功的《爸爸爸》、贾平凹的《商州初录》、阿城的《棋王》、李杭育的"葛川江系

[①] 韩少功:《文学的"根"》,《作家》,1985年第4期。

列"等，都突出了文化寻根这一主题，是寻根文学的重要成就。

3. 寻根思潮的文化意义

寻根思潮使中国传统文化在新的历史语境下再次走进知识分子的视野，其对文学创作与文化发展的重要意义受到了多方关注。从深层来看，知识分子的现代性焦虑是寻根思潮产生的内在动力。"现代性反思是上世纪末至今文化界的重要思维路径，面对着所谓的'传统文化的断裂'，知识分子认识到对现实的改造必须利用好自己的文化传统，在一个民族竭力以异域的某种'已然'为蓝图的时候，必然会在其文化根部生成一种逆反的力量，因为民族的发展需要一种自信作为统合力，这种自信不可能来自对自我的否认，而是来自民族文化认同，来自传统乡村社会的'常'。"[①]

从源头上看，寻根思潮对传统文化资源的强调，对民间乡土社会的关注可上溯到五四运动时期的乡土文学。乡土文学是中国文学的一种独特存在，它不仅是中国作为农业社会的传统印记，也是受现代性焦虑煎熬的中国知识分子构筑的梦里家园、精神逃亡的乌托邦。五四运动时期的乡土文学中有批判乡土世界的问题小说，也有对乡土充满温情向往的抒情小说。乡土文学在二十世纪三四十年代经沈从文、废名等京派名家发扬光大，传统的、民间乡土世界被打造为一个与现代都市社会对立的生存空间。那里保存着美好淳朴的人性，对抗着现代化对人的异化，是作家精心打造的"桃花源"。这种本土化的乡土叙事与诗化的审美追求在二十世纪八十年代汪曾祺的小说中得以重现。在文化寻根大潮兴起以后，民间社会受到更为广泛的关注，文学的历史深度、地域特色、民间视角等传统因素成为作家自觉的创作追求。中国文学的乡土叙事传统是文化寻根思潮在新的社会历史时期的显性形态，是中国知识分子在精神松绑后对传统文化的正面审视与全面回顾。

总体上看，文化寻根思潮是二十世纪末期对中国传统文化的一次大回顾。它不仅弘扬了中国传统文化，为中国知识分子找回了文化自信，也为传统文化在消费社会的复兴作了充分的铺垫。

[①] 丁帆：《中国乡土小说的世纪转型研究》，人民文学出版社，2013年，第222页。

三、传统文化的全面复兴

（一）从"国学热"到传统文化成为资源

1."国学热"

"国学热"即"传统文化热"，它与"现代性焦虑"一脉相承，是"文化寻根"思潮的延续，也是传统文化走向大众的开端。"国学"的概念最早出现于清末，与西方传入的"新学""西学"相对，用来指称中国传统文化。具体地说，广义的"国学"是指以先秦经典及诸子学说为根基，涵盖经学、玄学、佛学、理学、文学等领域的学术文化体系；狭义的"国学"指以儒家文化为主体，包括先秦诸子百家的中华传统学术文化。二十世纪九十年代，中国知识阶层兴起了读传统文化经典的热潮，许多国学研究机构相继成立，民间诵读经典活动全面展开。紧接着，唐装、汉服、少儿读经、名人解说经典等成为时尚，这种自上而下的传统文化复兴现象被称为"国学热"。

"国学热"发端于出版界。1989年底，《光明日报》与辽宁教育出版社商定组织出版"国学丛书"，1990年底"国学丛书"推出第一批书目，这是重提"国学"概念的先声。1992年，北京大学中国传统文化研究中心（今北京大学国学研究院）成立。1993年，该中心出版了《国学研究》年刊第1辑，这是当代学术研究领域国学兴起的标志。1993年8月16日，《人民日报》刊登了《国学，在燕园又悄然兴起》一文，报道了北京大学国学研究的情况，并认为"国学的再次兴起，是新时期文化繁荣的一个标志，它将成为我国文化主旋律的重要基础"[1]。随后，《人民日报》又刊登了《久违了，国学》一文。此后，《光明日报》《文汇报》《文艺报》及中央电视台等媒体也纷纷报道了北京大学国学研究的情况。随着大型电视系列片《中华文明之光》在海内外的热播，"国学热"拉开序幕。国内各高校和科研机构纷纷成立国学和中国传统文化研究教育机构，组织力量整理、研究并传播传统文化。

在社会上，传统书院、国学馆悄然兴起，民间经典诵读活动蔚然成风。岳麓书院、阳明精舍等民间书院相继复院或重建，并积极推进儒学的复兴。"国学热"不仅仅停留在诵读经典与传统文化的研究普及等教育层面，还渗透到人

---

[1] 《【回眸40年：《人民日报》看北大】1993：国学，在燕园又悄然兴起——北京大学中国传统文化研究散记》，https://news.pku.edu.cn/xwzh/35598f0070994775b8e4eb5fcf58d990.htm。

们日常生活的诸多领域。例如，在服饰上有"汉服热""唐装热"，在礼仪上有毕业礼、成人礼、婚礼、祭祀祖先等活动。中国传统文化元素不断走进当代生活，中式设计、中国元素、中国风等都是传统文化复兴的具体形态。以汉服为例，从学校、社区成立的汉服社团，到高校举办的"汉服毕业典礼"，再到汉服及相关配饰走进电商平台，以及大大小小的"汉服秀"，传统文化全面进入人们的日常生活，对当代社会产生着广泛而深刻的影响。

2. 传统文化成为资源

当代大众文化的兴起与文化产业的发展，推动"寻根思潮"与"国学热"走向民间，与文化生产相结合。于是，传统文化资源成为重要的生产要素，参与文化产品的生产。文化产业的诸多领域，如新闻出版、影视动画、网络游戏、流行音乐、舞台艺术、广告设计等，无不渗透着传统文化的影响。例如，出版业通过出版传统文化经典，满足人们走近传统文化的需求；中国古典名著、民间故事等成为影视、动画、游戏行业的素材库；中国民族音乐的通俗化与流行音乐中的中国风，使音乐与中国传统实现了完美对接；舞蹈艺术发掘地域传统文化资源，通过讲述历史故事、民间传说，催生了旅游演艺业；中国风格的建筑、家居、服装、设计进入人们的生活，传达出中国人的传统智慧、生活品位与审美追求；广告中的中国元素以中国文化符号为载体，传达中国传统的价值观，"天人合一""和谐""孝""家园"等成为凝聚当代中国人的精神力量；传统农耕社会的遗产成为文化旅游的目的地，满足了当代人对桃花源生活的向往，寄托着现代人被工业文明不断驱逐的文化乡愁……当代文化产业中的传统文化资源正是通过进入文化产品的生产，实现了与当代语境的意义交换。在这个过程中，商品被赋予美学的、文化的意义，传统文化也因商品的消费得以传播，并在生产消费过程中完成了意义的再生与转换。

在全球化的浪潮中，中国传统文化资源也突破地域限制，在全球范围内流动。中国古典文学名著、民间故事等文化资源被美国、日本、韩国等国家作为创作元素，生产出了大量的文化产品。中国传统文化不仅成为重要的生产要素，也推动了传统文化的传承与传播，促成了中国传统文化的全面复兴。

(二)传统文化复兴的社会环境

1. 后现代的消费社会

生产与消费是人类社会存在与发展的基础，二者相互依存，相互制约，生产的目的是消费，消费不仅满足了个体的生存需要，也是生产的最终实现。生产与消费在人类历史发展的不同阶段对经济活动的意义也不相同。在生产力水平低下的社会历史阶段，生产常常无法满足消费，具体表现为市场上的商品供不应求，这样的社会以生产为主导，通常称为生产社会。当生产力得到充分发展，产品极大丰富，市场上的商品供大于求，人类便进入了消费社会。

在人类历史的发展进程中，消费社会是资本主义的新阶段。资本主义的发展经过国家资本主义、垄断资本主义之后，进入了晚期资本主义的消费社会。杰姆逊认为，晚期资本主义社会即后现代社会。这是一个技术高度发达的、商品化的信息社会。与现代社会相比，历史的深度消失，个体对时间和空间的感受变得平面化。多民族、无中心、反权威、叙述化、零散化、无深度是后现代消费社会的主要文化特征。现代社会的理性化、科层化、体制化被解构，整个社会呈现为去深度的平面化。如果说现代社会是一个区分的、分化的社会，后现代社会则是一个突破边界的解分化的社会。迈克·费瑟斯通认为，以符号与影像为主要特征的后现代消费，导致了艺术与生活、学术与通俗、文化与政治、神圣与世俗间界限的消解。消费带来的消解使后现代社会形成一个平面的、同质的、整齐划一的整体，其最突出的体现是生活与审美、大众与精英边界的消解，即日常生活审美化与大众文化的兴起。

2. 日常生活审美化

日常生活审美化是后现代社会解分化在艺术与审美领域的体现。迈克·费瑟斯通提出了"日常生活审美化"这一命题。他认为消费社会促进了艺术与日常生活之间界限的消解，高雅文化与大众文化逐渐融合，日常生活以审美的方式呈现出来，并使生活具有某种特殊的风格。日常生活审美化正在消弭艺术和生活之间的距离，在把"生活转换成艺术"的同时，也把"艺术转换成生活"。具体表现为，艺术和审美进入日常生活，被日常生活化；日常生活也在向艺术逆向转化，被审美化。例如，通过公众人物对经典的生活方式、风格的倡导与引领，生活中各种图像符号附加于商品使用价值之上的符号价值，等等。

回顾艺术发展史，日常生活审美化并不是艺术进入日常生活的先例，这一趋势在西方可上溯到十九世纪中期的波德莱尔时代。二十世纪早期的达达主义、先锋派及超现实主义运动就意在颠覆传统艺术观念，消解艺术与日常生活之间的界限。在美学史上，从康德思辨美学的审美无功利，经过分析美学的批评话语，到杜威的实用主义美学，美学正在走向日常生活，日常生活审美化不过是杜威实用主义美学的拓展。早在二十世纪三十年代，杜威在《艺术即经验》一书中便试图消解艺术与非艺术、艺术与工艺、高雅艺术与通俗艺术之间的界限。"我们在日常生活中总是习惯于把一个做工特别精良的东西称为艺术,如果这样的话,艺术和生活就没有一个截然的界限。其实古代的很多东西,比方说神庙、神像、宫殿、纪念性碑柱,都是为当时的宗教或者政治统治服务,并不是作为艺术品被创造出来。在没有现代艺术观念的时候,它们的创造者并非心存艺术的目的。"① 在这个意义上,当代的日常生活审美化只不过是消费社会的语境为美学向日常生活渗透提供的绝佳机遇。

消费社会的生产过剩为美学走向日常生活提供了强劲的动力。消费社会是一个以消费为主导的社会,消费是人们日常生活的重要内容。商品过剩使得生产者挖空心思对产品进行包装,以刺激人们的消费欲望。"在普遍贫困的生产时代,大众生活在饥饿的边缘,其日常生活自然谈不上审美化;到了丰裕消费时代,前已指出,大众消费需求为维持生存的必要性在减弱,相应地非必要性在增强——这是大众消费活动审美化的主体条件,而商品与符号之间差异的趋于缩小、经济与文化的交融、大众电子传媒生产及传播图像等信息的超高速度和超大规模等,则是审美化的客体条件。"② 于是,审美、艺术这些昔日远离商品世界的概念在消费社会走进消费圈,或用于商品包装,或直接成为消费对象。消费社会中,文化成为商品,艺术品与商品的界限消失,商品艺术化,艺术商品化,审美商业化、日常生活化。在普遍生产过剩的前提下,整个社会以生产力提高与科技进步为物质基础,以消费为动力,在商品的世界里狂欢。

3. 大众文化的兴起

大众文化是与精英文化相对的概念。审美走向日常生活,作为日常生活主体的大众自然成了审美的主体。因此,从主体的视角来看,审美日常生活化与大众文化的兴起是同一现象的不同侧面,消费社会则是二者产生的社会背景。大众文化的产生不仅体现了美学日常生活化的发展趋势,也是工业文明与科技进步的体现。"大众文化是以大众传播媒介(机械媒介和电子媒介)为手段、按商品市场规律去运作的、旨在使大量普通市民获得感性愉悦的日常文化形态。"③ 大众文化是工业文明以来出现的社会都市化的产物,它以都市大众为主要受众,以大众传播媒介为传播手段,按商品市场规律运作,以愉悦大众为

---

① 高建平:《美学的当代转型:文化、城市、艺术》,河北大学出版社,2013年,第52页。
② 刘方喜:《消费社会》,中国社会科学出版社,2011年,第18~19页。
③ 王一川:《当代大众文化与中国大众文化学》,《艺术广角》,2001年第2期。

目标，与日常生活相交织，不断制造流行，刺激人们的消费欲望。同时，大众文化也消解了审美的感性解放功能，"如今审美已不再具有当年的革命性和解放性的功能。它曾经具有的启蒙主义和人文主义的内涵已经变质。在资本的扩张使我们的日常感性生活纳入市场的运作过程之后，审美经验的性质已经从根本上发生了变化"[1]。艺术、审美走下古典主义的神坛，成为愉悦大众、用以交换的商品。大众文化是一种充满娱乐色彩的消费文化，是消费社会审美日常生活化的载体。

（三）传统文化复兴的主体自觉

1. 经济发展与文化自信

"国学热"带动的传统文化复兴体现了经济发展对文化提出的新要求，与我国综合国力不断增强、国际地位日益提升密切相关。

消费社会是建基于生产力发展与科技进步的丰裕社会。经济的快速发展不仅提高了民众的物质生活水平，也为文化发展注入了自信。二十世纪晚期以来，随着社会主义市场经济制度的确立，中国现代化的进程加速，并取得了骄人的成绩。中国特色的现代化道路的成功，为国民带来了自信。"从历史上看，后发现代化国家处在现代化工程初期时，多采取启蒙式的文化动员，批判传统，引进西方文化；而在现代化受挫期，更容易全盘否定自己的文化传统，反映了追求现代化而不得成功的集体焦虑；当现代化进程驶入快速发展的轨道、经济发展取得成功之后，国民的文化自信便会逐渐恢复，文化认同也随之增强。"[2] 与此同时，东亚儒家文化圈经济的快速发展，使东亚传统文化价值受到多方关注，也使人们意识到传统文化对现代化的积极价值。

2. 现代化与文化身份认同

从社会发展的层面来看，消费社会的经济发展与传统文化复兴具有一定的必然性。亨廷顿在研究现代化进程时发现，现代化在后期能够促进本土文化的复兴，"在社会层面上，现代化提高了社会的总体经济、军事和政治实力，鼓励这个社会的人民具有对自己文化的信心，从而成为文化的伸张者。在个人层面上，当传统纽带和社会关系断裂时，现代化便造成了异化感和反常感，并导

---

[1] 周小仪：《唯美主义与消费文化》，北京大学出版社，2002年，第248页。
[2] 陈来：《北京·国学·大学》，北京大学出版社，2012年，第108页。

致了需要从宗教中寻求答案的认同危机"①。中国现代化的进程与传统的关系也经历了这样的变化。鸦片战争以来的现代化对中国传统文化进行了否定，而当中国式现代化取得成功之后，人们纷纷把目光转向传统，希望能从那里找到归属感与身份感。身份认同包含着同一性与独特性两个方面。对于群体而言，同一性表现为群体内成员的一致性，独特性表现为这种一致性在时间中的连续性，即文化传统。从主体哲学的视角来看，身份认同就是要回答"我是谁"的问题。然而，这个看似简单的问题"并不必然能通过给予名称和家世而得到回答。对我们来说，回答这个问题就是理解什么对我们具有关键的重要性。知道我是谁，就是知道我站在何处。我的认同是由提供框架或视界的承诺和身份规定的，在这种框架和视界内我能够尝试在不同的情况下决定什么是好的或有价值的，或者什么应当做，或者我应赞同或反对什么"②。这种框架和视界是建构主体身份认同的关键，传统的断裂会导致框架和视界的缺席，使主体陷入没有方向感的认同危机。

群体价值观是身份同一性的重要标识，也是对抗消费社会价值混乱的道德防线。在消费导向的商品社会，经济利益成为价值的主导，大众文化为了吸引受众，常常不择手段。带有低俗内容以及极端个人主义、拜金主义、享乐主义、功利主义价值观的各类文化产品，挑战着人们的道德底线，道德信仰与核心价值观的重建成为当务之急，中国传统文化成为重建精神信仰的重要支撑。

3. 文化自觉与文化转型

文化是构成人类社会生活的重要领域，文化的发展既体现为不断适应特定社会时期的经济、政治发展的调整过程，也体现着自身的运动规律。中国传统文化的复兴既反映了经济与文化在社会历史发展过程中的密切互动，也是文化自身适应时代不断调整的自我运动。从主体的层面来看，传统文化的复兴更多地体现为当代人的"文化自觉"意识。全球化时代，商品在全球范围内的流动促成了国际经济的一体化，在国际间交往日益频繁的背景下，文化间的差异强化了当代人对于文化个性的认知。"文化自觉是指生活在一定文化中的人对其文化有'自知之明'，明白它的来历、形成过程，所具有的特色和它发展的趋向，不带任何'文化回归'的意思，不是要'复旧'，同时也不主张'全盘西

---

① [美]塞缪尔·亨廷顿：《文明的冲突与世界秩序的重建》，周琪等译，新华出版社，1998年，第67~68页。
② [加]查尔斯·泰勒：《自我的根源：现代认同的形成》，韩震等译，译林出版社，2001年，第37页。

化'或'全盘他化'。自知之明是为了加强对文化转型的自主能力，取得决定适应新环境、新时代时文化选择的自主地位。"[①]"文化自觉"是主体对自身所归属的文化的全面认知，它立足于文化自信，以文化适应社会历史发展的自觉转型来维护文化传统的连续性。因此，了解自己民族的历史，发掘传统文化的价值，从传统中寻找本民族的文化精神和文化象征，为当代传统文化的复兴奠定了主体心理基础。这在一定程度上激发了当代中国人复兴传统文化的强烈愿望。而当代文化产业的发展，使传统文化成为资源进入文化产品的生产，为传统文化的复兴提供了实践的舞台。

（四）传统文化复兴工程

2014年以来，中华优秀传统文化创造性转化、创新性发展的提出，以及《关于实施中华优秀传统文化传承发展工程的意见》的印发，充分体现了国家层面对传统文化的重视，推动了传统文化的全面复兴。

1. 创造性转化与创新性发展

文化是一个民族在承续与发展过程中形成的独特身份印记，这种特殊性既体现了一个族群的精神传承，也是民族自信心的源头与根基。如果说中国传统文化是面向过去对祖先文化基因的延续，那么面向未来，它必须融入当代社会生活，才能实现传承与发展。

弘扬中华优秀传统文化，要处理好继承与创造性发展的关系，重点做好创造性转化与创新性发展。"创造性转化，就是要按照时代特点和要求，对那些至今仍有借鉴价值的内涵和陈旧的表现形式加以改造，赋予其新的时代内涵和现代表达形式，激活其生命力。创新性发展，就是要按照时代的新进步新进展，对中华优秀传统文化的内涵加以补充、拓展、完善，增强其影响力和感召力。"[②] 具体地说，"创造性转化"是指要根据时代发展状况，将古老的文化内涵和形式转化为符合现代人需要的新内涵和新样式；"创新性发展"是指随着社会历史的发展进程，在保留"旧文化"中合理因素的基础上，发展出符合时代要求的"新文化"，"新文化"进而又不断发展为"更新的文化"的过程。"创造性转化"重在"继往"，即在整理、筛选中华传统文化母体的基础上，对

---

① 费孝通：《文化与文化自觉》，群言出版社，2010年，第195页。
② 中共中央宣传部：《习近平新时代中国特色社会主义思想学习纲要》，学习出版社、人民出版社，2019年，第147页。

优秀传统文化进行现代解读和当代转化;"创新性发展"重在"开来",即在创造性转化的基础上,对富有当代价值的内涵和形式在实践中进行淬炼和发展。

回顾二十世纪以来中国传统文化的变迁,只有立足强大的文化传统,才不会失语、焦虑;只有不断推动传统文化的创新发展,才能走出具有中国特色的文化复兴之路。中华优秀传统文化的创造性转化与创新性发展,成为传统文化复兴的行动纲领,推动着传统文化在当代的创新发展。

2. 中华优秀传统文化复兴工程

为了建设社会主义文化强国,增强国家文化软实力,2017年,中共中央办公厅、国务院办公厅印发了《关于实施中华优秀传统文化传承发展工程的意见》(下文简称"《意见》"),对实施中华优秀传统文化传承发展工程提出了具体要求。《意见》明确了工程目标:"到2025年,中华优秀传统文化传承发展体系基本形成,研究阐发、教育普及、保护传承、创新发展、传播交流等方面协同推进并取得重要成果,具有中国特色、中国风格、中国气派的文化产品更加丰富,文化自觉和文化自信显著增强,国家文化软实力的根基更为坚实,中华文化的国际影响力明显提升。"《意见》还提出了深入阐发文化精髓、贯穿国民教育始终、保护传承文化遗产、滋养文艺创作、融入生产生活、加大宣传教育力度、推动中外文化交流互鉴等七项重点任务。作为中华优秀传统文化传承发展工程的指导性文件,《意见》也是中国传统文化复兴的制度保障与行动指南。

综上所述,中国传统文化资源在近当代以来经历了由全面否定、艰难承续到全面复兴的演进。这种沉浮起落既反映了社会转型对文化发展的冲击,也体现着文化内在的发展规律,同时,也彰显了具有悠久历史的中国传统文化的顽强生命力。在文化产业成为支柱产业的当代,中国传统文化必将焕发出更多的活力,有力推动中国文化产业的发展。

第二节 中国传统文化复兴的时代机遇

消费社会的到来为中国传统文化的复兴带来了机遇。从国际环境上看,当代政治、经济、文化的新格局是促进传统文化复兴的外部因素,也体现出中国传统文化对全世界的价值。二十世纪九十年代初冷战的结束使世界格局发生了重大变化,文化在国际政治中的影响力逐渐彰显,国际间的竞争进入软实力时代；在经济领域，文化的影响力主要表现为文化产业作为支柱产业，成为带动经济发展的重要引擎；在文化领域，不同文化间的交流日益频繁，强势文化与弱势文化的冲突，使维护文化安全成为各国必须面对的重要问题。

一、国际政治领域的文化软实力

（一）软实力

在传统意义上，一个国家的实力主要表现在资源、经济、军事、科技等方面。二十世纪九十年代，美国学者约瑟夫·奈提出了"软实力"的概念。他认为，军事力量和经济力量都是可以强迫他人改变立场的硬实力[1]。与硬实力的直接影响相反，依赖价值观、政治制度、文化等因素的软实力，是一种间接的影响力。"在国际政治中，一个国家可以通过这样的方式来获得它想要的结果：其他的国家追随它，欣赏它的价值，模仿它的榜样，热衷于它的繁荣和开放程度。从这个意义上讲，在国际政治中设置吸引其他国家的议程，其重要性并不亚于通过军事或经济力量来迫使别国改变。这种让别人想你之所想的力量，我称之为软实力，这种力量吸引人，而不压迫人。"[2]

软实力主要包括三个方面：一是价值标准；二是市场经济，特别是自由市场经济体系及其运行机制；三是西方文明，包括文化、宗教等影响。[3] 它具体表现为一个国家依靠政治制度的吸引力、文化价值的感召力和国民形象的亲和力等释放出来的无形影响力。硬实力由直接的军事和经济等力量构成，软实力由间接的文化吸收能力构成。在实现某个长期目标时，软实力能够起到硬实力起不到的作用。但软实力也不是万能的，许多国际问题单靠软实力无法解决。一个国家的软实力和硬实力往往互相补充，形成合力。

（二）文化软实力

从软实力的来源看，一个国家的软实力主要来源于其文化的吸引力、意识形态和价值观的感召力，具体表现为：文化的吸引力和感染力，意识形态和政治价值观的吸引力，外交政策的道义和正当性，处理国家间关系时的亲和力，

---

[1] Joseph S Nye Jr. *The paradox of American power*. New York: Oxford University Press, 2002, p. 8.

[2] Joseph S Nye Jr. *The paradox of American power*. New York: Oxford University Press, 2002, pp. 8~9.

[3] 倪世雄等：《当代西方国际关系理论》，复旦大学出版社，2001年，第393页。

发展道路和制度模式的吸引力,对国际规范、国际标准和国际机制的导向、制定和控制能力,国际舆论对一国国际形象的赞赏和认可程度,等等。[①] 从软实力的构成上来看,在各要素中文化要素占据着主导地位,文化是软实力的核心内容,因此,狭义的软实力就是文化软实力。文化软实力是指一个国家依靠文化、价值观念等构建出来的无形影响力,是一个国家基于文化的生命力、创造力、凝聚力、影响力、传播力而形成的体系。

在构成文化软实力的诸多因素中,最为核心的是文化的创新力、凝聚力、影响力。创新力是指一种文化能够在继承自身传统的基础上,适应经济和政治的发展,不断创造出新的形态,从而使自身得以生长、更新、传承,历久弥新,源远流长。凝聚力是指一种文化在价值观念、思维方式、审美趣味等方面呈现出的一致性与独特性对生长于其内部的个体的潜在影响,它基于共有的文化心理结构与价值规范,是构建文化认同的基础。影响力是指一种文化在对外交流过程中基于创新力、凝聚力而产生的对其他文化的吸引力。在文化软实力的构成体系中,创造力是凝聚力、影响力的基础。

文化就是人化,一种充满创造力的文化必然与活力四射的主体相联系,充满活力的主体的活动不仅创造了文化,而且延续与发展着文化。主体的创造力决定着文化的生命力,充满生命力的文化也必然对主体产生强烈的吸引力,使他们对自身所属的文化充满了自信与认同感。从群体的层面看,个体的文化自信与身份认同是文化凝聚力产生的基础。同时,当不同文化相遇,充满创造力、凝聚力的文化很容易受到关注,产生强烈的吸引力。文化创造力表现在不同的层面:在历史传承上,表现为文化传统的生命力;在当代价值上,表现为对个体的凝聚力;在对外传播上,表现为政治经济制度、意识形态、价值观、文化产品的吸引力。

(三)软实力时代

进入二十一世纪,人类也进入了一个全新的时代。这个时代不只是一个物理的时间概念,更是对民族生存状态、个人存在方式、国家竞争方式的全方位改变。这个时代被未来学家称为人类文明的第三次浪潮,思想家、艺术家称其为后现代社会,在社会学家、经济学家那里则是知识经济社会,科技专家、企业家则将它称为技术化生存或后工业时代。政治学家从整体上把握这一巨变的脉搏,认为人类社会进入了国家综合国力竞争的软实力时代。这个时代的显著

[①] 蔡拓等:《国际关系学》,高等教育出版社,2011年,第62页。

特征是文化在社会生活中的地位日益突出，它潜在地影响着社会政治经济的发展，成为社会发展的推动力量。

二战以后，和平与发展成为世界的主题。各国经济的持续、稳定、快速发展，使人类迅速摆脱了物质的贫困。社会物质的极大丰富推动了消费的转型升级，刺激了文化的消费和繁荣，促进了文化产业在世界范围内的迅速发展。文化在社会生活与国际交流中的重要性越来越突出，其价值、作用及其战略意义受到高度重视。文化是一个民族在全球化进程中的名片、身份证和识别码，成为综合国力的重要体现。在这个时代，政治冲突极少通过武力来解决。所谓政治文化化，即文化成为新型的政治手段，具体表现为文化成为解决政治冲突的重要途径，文化也是政治冲突的集中体现。

苏联的解体就是通过文化手段解决政治问题的典型案例。二战结束后开始的冷战是人类历史上第一次靠意识形态竞争决出胜负的文明间的大战，这场没有硝烟的战争以美国的胜利告终，而美国战胜对手的制胜法宝正是其文化软实力。

随着冷战的结束，国际政治进入新时代，文明间的冲突取代政治冲突成为这个时代的显著特征。二十世纪九十年代，美国国际政治问题专家塞缪尔·亨廷顿提出了"文明冲突论"，认为在冷战结束后的未来世界中，国际冲突的主要根源不是意识形态，也不是经济，而是文化。全球政治格局正在以文化和文明为界限重新形成，并呈现出多种复杂趋势：历史上第一次出现了多极的和多文明的全球政治；不同文明之间的力量对比正在发生重大转变。文化、文明之间的冲突将主宰今后的全球政治。那种单纯地追求军事、经济、政治斗争取胜的"硬实力"时代已经过去，文化和文明作为一种重要的"软实力"开始登上国际竞争舞台，并构成其取胜与否的根本和决定性的因素。

二、知识经济时代的经济文化一体化

（一）知识经济时代

从经济发展的进程看，人类社会从原始渔猎时代、传统农业时代、近现代工业时代，发展到今天的后工业时代和信息时代。在信息化时代，经济的发展更多地依靠知识、技术、文化的创新来推动。1990年，美国经济学家波特提出了经济发展四阶段论，即生产要素导向阶段、投资导向阶段、创新导向阶段和富裕导向阶段。[①] 在生产要素导向阶段，廉价的劳动力、土地、矿产等资源是经济发展的主要驱动力；在投资导向阶段，经济的发展主要靠大规模投资生产来推动；在创新导向阶段，技术创新是经济发展的主要驱动力；在富裕导向阶段，财富成为经济发展的推动力。其中的创新导向阶段，就是以知识创新为经济发展的主动力，即知识经济时代。知识经济之后的富裕导向阶段，是指第三产业进一步分化，其中的创意产业、精神产业和内容产业成为经济的主要产业，文化创意产业逐步成为经济发展中的主导产业。这种经济发展的阶段性特征表明，"经济活动的历史过程，就是一个从以物质要素为主导，逐渐向以文化要素为主导的发展过程。对文化要素的追求，是当代经济活动的内在要求和历史发展的大趋势。它不是对物质要素的否定，而是在对其肯定基础上的张扬和发展。当物质要素的组合方式所蕴含的生产潜能发挥到一定临界值时，生产力的发展就更多地依赖于蕴含更大生产潜能的文化要素了"[②]。回顾生产力发展的历史，经济文化的一体化体现了生产力发展的规律。

（二）文化与经济的融合

知识经济时代的突出特征是文化与经济的融合。一方面，文化资源作为重要的生产要素参与经济活动；另一方面，消费市场对文化生产的影响强化了文化活动的经济属性。文化经济的一体化是当代世界经济发展的大趋势。

当代以来，经济与文化融合的趋势日益明显。文化进入产业和市场，其中渗透了经济的要素，文化具有经济力，其商品属性逐渐显现，成为社会生产力的重要组成部分。同时，现代经济发展中文化、科技、信息、心理等要素的作用越来越突出。文化已经融入经济发展的全过程，成为现代经济发展中的重要推动力量。在宏观的产业结构布局层面，价值观念的变化不断推动产业结构的调整和经济结构的变化。例如，随着生态环境的不断恶化，人类的环保意识逐渐增强，这种价值观的变化也影响着相关产业的布局。在微观的产品生产与开发层面，商品的文化含量以及由此产生的文化附加值直接影响产品的竞争力。

从需求结构来看，经济文化化代表着未来经济发展的方向。随着社会生产力的迅速发展，人们的社会需要不断提高。在基本的物质层次得到满足的基础上，人们更多地关注精神需求。因此，对文化产品、娱乐服务、旅游服务、信

[①] [美] 迈克尔·波特：《国家竞争优势（下）》，李明轩、邱如美译，中信出版社，2012年，第65页。

[②] 赵秀玲等：《城镇化进程中的文化支持研究》，人民日报出版社，2005年，第33页。

息与网络服务的需求将极大增加。丹麦未来学家沃尔夫·伦森认为，人类在经历狩猎社会、农业社会、工业社会和信息社会之后，将进入一个以关注梦想、历险、精神及情感生活为特征的梦幻社会。文化将渗透未来的商品世界，人们的消费焦点将从物资需要转移到精神需要。消费者从商品中购买的不仅仅是使用价值，更多的是故事、传奇、感情及生活方式。这些内容不仅融入娱乐业，也会走进日用品行业。贫穷将被重新定义为"无力满足物质需要以外的需求"。[1] 经过农业与工业文明，人们对物质财富的需求已经得到了满足，对于精神财富的需求相应上升，于是，生产满足人们精神需求的文化产品的文化产业应运而生。在后工业时代，随着人们精神消费需求的不断上升，对服务业、娱乐业、旅游业、影视业、信息业、网络业的需求日益增加，经济学将更加关注知识、信息、文化，经济发展越来越与文化相融合，呈现出经济文化化的发展趋势。而文化自身则走出相对封闭的传播与发展方式，开始借助经济手段进行传播与发展，出现了强烈的文化经济化趋势。

（三）文化产业成为支柱产业

知识经济时代的经济文化化与文化经济化，在共同推动文化与经济一体化进程的同时，也促进了文化产业的不断创新，使其成为这个时代引领经济发展的主导产业。世界上文化产业发达国家，大都将文化产业作为国民经济的支柱产业。美国是世界文化产业强国，自二十世纪六十年代以来，美国文化产业急剧扩张，通过经济行为进行文化扩张，使美国文化正在形成对全世界的控制，文化产业在全球处于主导地位。美国以其强大的经济基础和科技实力为背景，建构了先进的文化产业模式，领导着世界文化产业的发展和走向。

亚洲的日本、韩国也将文化产业作为经济发展的引擎。日本作为世界知名的"动漫王国"，在全球动漫领域具有不可替代的影响力。日本文化产业拥有成熟的市场体系和运作机制，产业关联性强，组织机构完善。韩国在亚洲金融危机后，制定了文化立国战略，出台了《文化产业振兴基本法》，将文化产业作为国家经济发展的战略性支柱产业。得益于政策引领与扶持，韩国文化产业在短短十多年间异军突起，迅速崛起为文化产业强国，韩流席卷世界。

三、全球化时代的文化安全

从文化自身的发展来看，全球化促进了文化间的交流，也加速了强势文化

---

[1] ［丹麦］沃尔夫·伦森：《21世纪——梦幻社会》，伍一军译，《科技文萃》，1997年第4期。

对弱势文化的同化。以文化传承与文化认同为内容的文化安全，成为文化自身面临的首要问题。从宏观层面来看，一个国家的文化安全表现为其文化的独特性与连续性；从微观的个体层面看，文化的连续性也是个体建构文化身份认同的需要。

(一) 文化安全的两个维度

文化安全是国家安全的重要组成部分，一个国家的文化安全可以从空间与时间两个维度来分析。

1. 文化安全的空间维度

从空间的维度看，文化安全"是指外族、外地域的文化对本民族、本地域的文化构成的威胁，使本民族、本地域的文化难以得到正常的延续、传承和传播"[1]。在这个维度上，文化安全主要表现为在内外关系上维护一个国家文化的独特性。随着文化产业的全球化发展，文化产业强国通过文化产业的经济渗透实现的文化渗透，已是无孔不入。随着传播技术的发展，电影、广播、电视、网络等视听传媒在全球迅速普及，各种人生观、价值观、道德观等自由快捷地跨越国界传播。科技进步带动的传播技术发展固然推动了全球不同文化的碰撞与融合，但发达国家也凭借其强大的传媒优势以及覆盖全球的通信网络，轻而易举地对发展中国家进行有选择的信息输出，以实现对发展中国家的信息控制。

美国历来把文化作为维护其世界霸权的利器，不遗余力地在全球推销其文化产品和价值观。美国大片在世界各地的风行，不仅输出了文化，也赚取了巨额的利润，"在全球化浪潮中，加强对外文化交流，注重对外来文化产品的政治意识形态的甄别的同时，重视保护传统文化，维护国家的文化安全，是当务之急"[2]。

2. 文化安全的时间维度

从时间维度上看，文化安全是指"历史上的、传统的文化在本民族、本国

---

[1] 贾磊磊、肖庆：《中国国家文化安全的历史境遇及现实问题》//叶取源、王永章，陈昕：《中国文化产业评论：第七卷》，上海人民出版社，2008年，第36页。

[2] 陆扬：《文化研究导论》，高等教育出版社，2012年，第243页。

家（地域）的传承中出现了断层或者缺失甚至消亡"①。在这个维度上，文化安全主要表现为维护一个国家文化在历史传承上的连续性。一种文化的绵延不绝，其动力不仅来自其自身的内在调整适应能力，更需要积极的建设与维护。文化传统的安全问题在社会转型时期表现得最为突出。社会转型给传统文化带来强烈的冲击，传统文化与变化的社会环境之间会产生激烈冲突，此时必须适时地通过政策调节等外力干预，来维护文化传统的延续。例如，当代中国的社会转型使农业文明留下的文化遗产正在遭遇毁灭性的破坏，一些物质文化遗产与城市化的建设开发形成了尖锐的对立，一些非物质文化遗产则因为不再适应当代的社会生活，面临失传的困境。在这种情形下，为了维护文化的连续性，在发展经济的同时，必须出台相关政策对这些文化遗产进行适时的保护。

生态博物馆建设、开发式保护等是维护文化安全的重要举措。文化安全整体上看，就是维护一个国家的文化在空间上的独特性与时间上的连续性。"在文化的差异与冲突中如何保持和延续自身文化的问题，就是文化安全和国家文化安全的本质所在。因此可以说，文化安全就是文化特质的保持与延续，而国家文化安全就是一个国家现存文化特质的保持与延续。这正是国家文化安全的本质所在，因为离开了文化特质的保持与延续，也就没有了文化安全问题。"②国家文化安全包括不同层面的内容，如生活方式、风俗习惯、语言文字、民族精神、政治信仰、价值观念等，其中又以维护深层的观念形态、文化的生存和发展为核心。

（二）文化安全与文化认同

在价值多元的时代，如何确立个体的文化身份，建构个体与群体之间的联系，是文化安全的重要一极。文化的主体是人，文化的独特性与连续性必须以人为载体进行传承与传播。宏观层面的文化独特性与连续性要通过个体的认同来实现。认同主要回答"我是谁"的身份追问，是文化独特性与连续性的统一，文化的连续性也是个体建构文化身份认同的需要。国家文化安全的维护需要民众对其民族传统文化的认知，并以此为基础建构文化身份认同，筑牢民族共同体意识。这不仅体现了维护国家文化安全的需要，也是文化传承对个体的要求。唤醒个体的文化自觉意识，建构文化身份认同，增强文化自信，是全球

---

① 贾磊磊、肖庆：《中国国家文化安全的历史境遇及现实问题》//叶取源、王永章，陈昕：《中国文化产业评论：第七卷》，上海人民出版社，2008年，第37页。

② 刘跃进：《国家安全学》，中国政法大学出版社，2004年，第143页。

化时代文化建设的一项重要任务。

第三节　中国传统文化意象的产业价值

一、我国文化产业的发展现状

（一）我国文化产业的发展历程

1. 文化产业的提出

文化产业在中国的发展也经历了曲折的过程。在中国传统的观念中，"文化"是国之大事，就是国家意识形态，"文章千古事""一言兴邦，一言丧邦"等观念都使文化变得神圣而神秘。文化的公共性主要体现为国家垄断性和全面代理性。当代文化产业的发展将文化与产业、市场、复制技术和大众消费权利相链接，这是对中国传统文化观的颠覆和解构。因此，在文化产业化的初期，"文化搭台，经济唱戏"是文化产业的经典运作模式，文化只能作为经济发展的附庸。

二十一世纪以来，随着文化产品的全球流动，美国大片、日本动漫游戏、韩剧等纷纷进入中国市场，对中国的文化产业发展产生了强烈的冲击。面对这种情境，国家迅速调整发展战略，将文化产业的发展提上了议事日程，文化产业逐渐合法化。2000年，中共十五届五中全会通过的《关于制定国民经济和社会发展第十个五年计划的建议》首次确立了"文化产业"主题，明确提出要"完善文化产业政策，加强文化市场建设和管理，推动有关文化产业发展"，"推动信息产业与文化产业的结合"。至此，文化产业第一次正式进入党和国家政策性、法规性文件，发展文化产业成为国民经济和社会发展战略的重要组成部分。此后，国家各层级与文化产业相关的政策文献快速出台。

2. 文化产业的快速发展

文化产业的概念启动了当代中国人在文化观念上的"去魅"（disenchantment）进程。2002年，党的十六大报告在"文化建设和文化体制改革"部分明确提出要"积极发展文化事业和文化产业"，并特别强调"发展文化产业是市场经济条件下繁荣社会主义文化、满足人民群众精神文化需求的重要途径。完善文化产业政策，支持文化产业发展，增强我国文化产业的整体实力和竞争力"。同时，党的十六大报告还将文化体制改革提上议事日程。与以往文化体制改革相比，区分文化事业和文化产业是这一轮体制改革中全新的、涉及文化体制全局的主题。"它以文化事业和文化企业分离、以政事分离、管办分离为目标，而不再局限于以前那种国有文化事业单位内部的微观或微调改革。这种改革旨在'建立与中国特色市场经济相适应的新文化体制'；旨在适应中国发展方式的转型。因而它必定蕴涵着'文化的全领域重构'"。[①] 以此为行动纲领，2003年，国家正式启动了相关的文化体制改革试点工作。2004年召开的十六届四中全会把提高建设社会主义先进文化的能力作为加强党的执政能力建设的一项重要任务，在中央文件中第一次明确提出了"深化文化体制改革，解放和发展文化生产力"，"文化也是生产力"这一观念革新了传统的文化观念。2007年党的十七大报告把发展文化产业提升到解放文化生产力的高度，明确指出，"要坚持社会主义先进文化前进方向，兴起社会主义文化建设新高潮，激发全民族文化创造活力，提高国家文化软实力"。2009年，国务院常务会议通过了《文化产业振兴规划》，明确提出要"通过深化文化体制改革，进一步解放和发展文化生产力，激发全社会的文化创造活力"。2010年，党的十七届五中全会在"十二五"规划建议中提出深化文化体制改革，创新文化生产和传播方式，解放和发展生产力，增强文化发展活力，推动文化产业成为国民经济支柱性产业。2011年党的十七届六中全会通过的《中共中央关于深化文化体制改革推动社会主义文化大发展大繁荣若干重大问题的决定》，集中阐述了推进文化改革发展，建设社会主义文化强国的重要性和紧迫性。2012年党的十八大报告将增强国家文化软实力作为对文化建设的总领性要求，以及全面建成小康社会和全面深化改革开放的目标，提出建设社会主义文化强国，必须加强社会主义核心价值体系建设，全面提高公民道德素质，丰富人民精神文化生活，增强文化整体实力和竞争力。

在文化成为生产力的知识经济时代，从文化产业的合法化、文化体制改革，到文化产业成为支柱产业与经济转型升级的引擎，我国政府适时调整发展战略，引导文化产业从边缘走向中心，成为引领经济发展的支柱产业，走出了一条文化强国之路。目前，大力发展文化产业成为我国经济社会发展的一项重要国策。

---

① 王洛林：《全球化与中国》，经济管理出版社，2010年，第475页。

(二) 文化资源魔咒

1. 资源魔咒与文化资源魔咒

资源对于社会经济的发展具有重要意义，但资源仅仅是一种潜在的生产要素，并不能直接成为生产力，有时甚至还会限制、阻碍经济的发展，这就是经济发展过程中的"资源魔咒"（Resource Curse）。[①] 资源大国并不等于强国，中东各国拥有丰富的石油资源，但这些国家只能称得上富国，而不是现代化强国。文化资源是文化产业产生和发展的基础，然而，一个国家文化产业的发展与其文化资源的拥有量并不成正比，文化资源丰富的国家和地区往往是文化产业欠发达的国家地区。对于文化产业的发展而言，文化资源并不等于文化资本。丰富的文化资源为文化产业的发展提供了强有力的保障。但如同自然"资源魔咒"一样，文化资源往往也逃不过"富饶的贫困"这一现实的悖论，文化资源大国并不是文化产业强国，一些新兴的移民国家却有着发展文化产业的天然优势。

中华文化辉煌灿烂、博大精深，这只是其建设文化强国的资源要素。从目前文化产业的发展状况来看，我国并没有成为文化强国。美国作为一个新兴的移民国家，缺乏文化积淀，却并不影响其成为当今世界的文化强国。这是因为文化资源的权属和现实市场活力并不一定对等，这种状态在全球化时代随着资源的全球化流动会变得更加突出。"不同国家因为历史的缘由，拥有的文化资源的数量差别很大，在文本创意时代，古文明的博物馆展示和民间故事的传媒传播都是文化资源大国引以为荣的资本；但是在文化产业化时代，通过'借鉴'而进行的符合市场受众接受的产业符号的生产和消费，强有力地扭转了文化资源大国的文化优势，改变了文化历史资源原属国的市场拥有者地位。"[②] 科技与创意在传统文化资源向文化资本转化的过程中扮演着重要的角色。全球化时代，信息交换与文化产品的流动加剧了资源大国这种"富饶的贫困"。这种"资源魔咒"是文化资源大国在发展文化产业过程中必须克服的文化障碍。

[①] 1993年，理查德·奥蒂在研究产矿国经济发展问题时第一次提出了"资源魔咒"Resource Curse 的概念，即丰富的资源对一些国家的经济增长并不是充分的有利条件，反而是一种限制。经济学家将这一现象称为"荷兰病"，指自然资源的丰富反而拖累经济发展的一种经济现象。资源丰裕度与经济增长存在显著的负相关关系。

[②] 李思屈、李涛：《文化产业概论》，浙江大学出版社，2007年，第162页。

2. 文化资源开发能力亟待提升

作为文化产业生产要素的文化资源，其独特性在于积淀着人类精神活动的文化属性。文化资源的价值除了经济价值，还包括审美价值、精神价值、社会价值、历史价值、象征价值和真实价值。[①] 从内容来看，文化资源开发包括内涵开发与外延开发两种形式。目前我国的文化资源开发呈现出显著的经济价值导向，缺乏对文化资源文化价值的关注，这种市场导向反映在开发形式上表现为外延开发与内涵开发严重失衡，强调数量的增长，忽略质量的提升。以影视产业为例，每年生产了大量的影视剧产品，其中的精品却十分稀缺，甚至还出现了"烂片高票房"的怪象。资本对利益的追逐、消费市场的娱乐化导向，使文化资源开发缺乏历史的、人文的、审美的精神向度，沉溺于物欲的、商业化的狂欢。从长期来看，这种文化资源开发的短视行为，不仅会助长跟风、抄袭等问题，扰乱文化市场秩序，"劣币驱逐良币"的恶性循环也抑制了文化创新能力，潜在地消解了文化资源的内涵，危及文化产业的生产基础。

文化生产领域存在的问题也反映在文化产业统计数据上。2018年修订的《文化及相关产业分类》将文化产业定义为"为社会公众提供文化产品和文化相关产品的生产活动的集合"，文化产业作为一种生产活动，范围包括核心领域的内容生产与相关领域的辅助生产。

1997年，美国国际关系学者布热津斯基在《大棋局：美国的首要地位及其地缘战略》一书中将经济发达、军事强大、科技雄厚、文化富有吸引力作为大国的四个标志。没有全球文化大国的地位，就不能成为世界强大国家。大国崛起不仅是经济现象，而且是文化现象；不仅是经济增长，而且是文化繁荣。改革开放以来，我国的硬实力发展很快，国内生产总值、外汇储备均已位居世界前列。但是，我国的文化软实力与硬实力相比，还有一定的落差。二十一世纪是个文化的时代，文化也是生产力，已成为一种共识。文化生产力在很大程度上源自文化资源的有效整合和开发利用。作为一个有着悠久历史的文化资源大国，在文化产业的发展方面具有得天独厚的优势。如何打破"资源魔咒"，将丰富的文化资源成功转化为文化资本用于文化产品的生产，提升中国的文化软实力，是中国当下发展必须解决的首要问题。

---

① ［澳］戴维·思罗斯比：《经济学与文化》，王志标等译，中国人民大学出版社，2011年，第30～31页。

二、中国传统文化意象与当代文化产业

内容是文化产业的核心竞争力，以内容生产为核心是我国文化产业发展的必由之路。我国丰富的文化资源为文化产业的内容生产奠定了基础。作为重要文化资源的中国传统文化意象，在文化产品的生产中扮演着重要的角色。各种文化符号、文化形象携带着传统文化精神、文化观念，活跃于文化产品中。这些资源是内容生产的核心，在文化传承与传播方面也具有重要价值。

（一）内容生产与生产美学

1. 内容生产的核心

以形象、符号等形式存在的文化意象生长于特定的文化，是特定文化的价值观、生活方式、思维方式、审美趣味的集中体现。文化意象对于文化的表现涉及不同层面，范围无所不包。龙是中国文化的图腾，这个单体符号从表层的视觉图像到深层的所指意义，都积淀了丰富的社会历史意蕴。《红楼梦》被誉为中国封建社会的百科全书，涵盖了封建社会不同层级的社会生活。这些经典的文化意象既能够通过现代技术媒介赋予的新形式进入现代生活，成为新的产品形式，也能够通过符号的拼贴组合生成新的内容。因此，文化意象是内容生产的核心。长城、中国结、中国功夫、中国戏曲……这些经典的文化意象不仅有着丰富的内涵，也从不同侧面展示了中国文化的风格与个性。当代文化生产领域大量存在的各种传统文化元素，充分显示了中国传统文化意象对于内容生产的价值。如何充分发掘中国传统文化意象作为内容生产核心的价值，是当代文化生产要解决的重要问题。

2. 建构生产美学的重要渠道

知识经济时代，文化成为重要的生产资料登上历史舞台，推动着经济社会的发展。"各种文化人工制成品形象、表征，甚至感情和心理结构已经成为经济世界的一部分"[1]。从美学的发展来看，现代美学由康德的审美无功利，到二十世纪的经验主义美学与消费社会的日常生活审美化，逐渐由理念走向现实的生活世界，走进生产领域，成为指导商品生产的"生产美学"。从消费主体

---

[1] ［英］约翰·斯道雷：《文化理论与通俗文化导论》，杨竹山等译，南京大学出版社，2001年，第255页。

的角度看，人类的审美能力可分为感官层面的"悦耳悦目"、心理层面的"悦心悦意"、神志层面的"悦志悦神"，与之相应的娱乐需求包括：身体的感官刺激、内在心理压力的释放与紧张情绪的缓解、超越感官与心理的审美净化与提升。由于经济利益驱动与消费主体条件的限制，目前的文化生产多以感官层面的满足为主，兼顾心理需求的满足，罕有更高层面的净化与提升。中国传统文化意象作为中国文化意象审美的经典形态，具有娱乐、认知、审美等多重价值。在美学进入生产领域的当代，中国传统文化意象作为生产要素参与当代文化生产实践，将美学与生产实践相联通，是建构生产美学的重要渠道。

（二）文化传承与传播

1. 文化传承的媒介

中国传统文化意象不仅是文化内容生产的原材料，也是当代人认知传统文化、建构文化身份认同的重要媒介。二十世纪以来，中国传统文化经历了起落浮沉，使当代中国人与中国传统文化之间存在一定的距离。二十世纪末的"传统文化热"带来了传统文化复兴，使传统文化再次走进当代生活。消费文化语境中的"国潮""新国潮"将传统文化元素引入商品生产，成为重要的时尚元素，引领消费潮流。中国传统文化意象的提喻功能，促使当代人从对具体文化意象的认识还原到整体的文化背景，实现对文化的全面认知。提喻涵盖从视觉感知到情感共鸣、认知洞察的功能，具有言近及远、见微知著、举一反三的认识论价值。例如，"桃花""杨柳"在中国传统文化中已经超越了自然物象，具有丰富的文化内涵。"桃花"用以象征女子的生命、美貌、爱情等，"杨柳"与离别、伤感建立了交感的同构关系。"桃花""杨柳"不仅仅是古典诗词中的物象，其背后还链接着中国传统社会这一广阔的生活空间。通过由部分向整体的还原，当代人能够全面地认知传统社会。这些自然物象中体现的"近取诸身，远取诸物"的思维与情感表达方式，也传达出古人对自然、社会、人生的多维思考。这些认知世界、思考人生的方式，形成了中国文化独特的世界观、思维方式、审美趣味与价值追求。

文化认同与文化传承的前提是文化自觉，即对自身所属的文化传统的认知。中国传统文化意象为当代人提供了更多接近传统文化的机会，是他们形成文化自觉意识、建构文化认同的重要途径。只有深入地理解、认可传统文化，才能自觉承担起文化传承的使命。在传统文化全面复兴的当代，作为文化传承重要载体的传统文化意象，成为文化产品的生产元素，活跃于文化产业的各个领域。社会转型造成了传统文化的危机，而文化自身的连续性又维系着传统的延续。传统文化意象以其丰富的文化内涵与精炼的呈现形式，成为文化传承与文化生产的中坚力量。

2. 文化传播的载体

全球化时代，各国都致力于打造自己的文化品牌，通过不同的路径传播其文化影响力，以提升国家的文化软实力。文化意象因其与文化的密切关系，是无法替代的国家文化品牌传播载体。白头海雕、星条旗、自由钟、华尔街、百老汇、好莱坞、麦当劳、NBA、可口可乐、迪士尼、蜘蛛侠等都是经典的美国文化符号。通过这些符号，可以还原出一个多面的美国社会，帮助他者建构起对美国文化的整体印象。中国的器物、汉字、功夫、戏曲等文化符号，是中国文化输出的重要载体，象形的汉字、中国功夫、中医、太极等中国特色的文化符号是中国传统文化独特性的体现。在对外文化传播中，文化意象以其独特的形式与丰富的内涵，成为感知一个国家文化的起点。

综上所述，全球化时代，文化成为政治经济发展的重要力量，政治文化化与经济文化化成为不可抗拒的历史趋势。从宏观层面看，作为文化产业的重要生产要素，中国传统文化意象在文化产业成为支柱产业的信息时代，对维护国家文化安全和提升经济实力具有重要意义。从微观层面看，在创新驱动发展的当代背景下，中国传统文化意象对我国文化产业的内容生产以及文化传承与传播具有不可替代的重要价值。

第四章 中国传统文化意象的再生

中国传统文化意象作为传统文化资源的经典形式，在文化产业的生产实践中扮演着重要角色，成为文化产品的核心生产要素。中国传统文化意象对文化传承与文化生产的价值必须通过内容生产来实现。"再生"是指通过创意手段挖掘文化资源的内涵，并以此为基础进行内容创作和生产的过程。中国传统文化意象在当代文化产业中的再生具有必然性，也有现实的必要性。本章首先分析"再生"的内涵，其次立足于当代中国传统文化意象的应用案例，运用符号学的理论框架，从所指层面的故事生产、能指层面的景观呈现、语境层面的场景打造来探讨中国传统文化意象的再生路径。

第一节 "再生"论

传统文化的再生不仅使传统得以延续，也是对传统文化资源的开发利用。从宏观文化发展的角度看，再生就是现代转化；从微观实践层面看，再生就是内容生产。中国传统文化意象再生的必然性主要来自文化适应经济发展的需要，再生的必要性主要表现为文化资源的非消耗性与文化产品的价值延伸性。

一、"再生"的内涵

从历史维度来看，传统文化的现代化转型贯穿整个二十世纪的发展进程。进入二十一世纪后，随着消费社会的兴起，传统文化资源的创新性开发成为这一转型历程在新历史阶段的重要延续与发展。

第四章　中国传统文化意象的再生

（一）"再生"与现代转化

近现代以来，随着社会的现代转型，中国传统文化不断遭遇现代化的冲击，在起落沉浮中，现代中国人不仅时时承受着无根的焦虑，也无法摆脱传统的束缚。如何实现传统与现代的对接，是困扰中国知识分子的难题。他们在传统文化的现代转化路径上进行了许多探索：对中西方文化进行比较，分析二者的异同；利用西方理论框架来建构中国的学术体系；利用西方理论阐释中国文本，等等。例如，王国维利用西方理论对《红楼梦》的文本进行阐释，五四运动时期胡适倡导的"整理国故运动"，以西方的学术方法研究中国历史等。全球化浪潮催生的文化寻根思潮，使传统文化再次走进当代人的视野。面对有些陌生的文化传统，为了建构民族文化身份认同，一代知识分子上下求索，试图打通传统与现代的隔膜，实现二者的对接。中国传统的伦理思想及价值观、中国古典美学思想、中国艺术精神等，都受到关注。中国知识分子致力于传统文化现代化的努力遍及人文社会科学研究的不同领域。其中具有典型意义的如中国古代文论的"现代转化"，从"失语症"到"存活论"，沟通传统与当代，致力于建构中国特色的文论话语体系。传统文化的现代化贯穿了整个二十世纪学术史。

整体上看，二十世纪中国传统文化的现代转化主要在学术界酝酿，呈现出显著的精英主义理论色彩。"中国民族文化再生运动的这一路向是一条精英文化的路向。首先，这一民族文化再生运动系由文化精英们所自觉倡导；其次，这一民族文化再生运动寄情于中国传统精英文化，特别是儒家精英文化的复兴；再次，这一民族文化再生运动承续于文化精英之间，流布于人文思想界和学术界。"[①] 新儒家对传统文化的捍卫与传承是这种倾向的典型体现。

新儒家崇尚心性之学，这种学术立场决定了他们在寻找传统文化与现代社会的连接点时，注重哲学层面的玄思，缺少对现实的介入。"在中国传统文化价值之再肯定的方向中，新儒家自始即以'反实证论的思考模式'（antipositivistic mode of thinking）来追求意义。也是这'反实证论的思考模式'使新儒家较易于认同儒家之'道德形上象征'。他们借着直观的体验的思考模式来寻求'精神取向象征'（symbols of spiritual orientation），从这里才

[①] 袁阳：《文化社会学视阈：经典、传统、现实的审视》，中国社会科学出版社，2012年，第228页。

可以了解：他们基于儒家之宗教性的形式对中国传统特有的会悟。"[①] 这种思维特色与价值取向也反映在当代新儒家的行动纲领《为中国文化敬告世界人士宣言》中。他们认为道德心性之学是中国文化之"本"，返回儒家道德心性之"本"，就可以开出现代的民主政治，即通过"返本开新"，实现传统文化的现代化。这种路径体现了"内圣外王"到"内圣开出新外王"的逻辑推衍，与社会实践的脱节决定了它只能是一种主观的玄思。

从社会存在、社会意识与社会实践的关系来看，社会存在决定社会意识，社会意识来源于社会存在，社会实践是联系二者的中介。作为社会意识的理论，只有与社会实践建立密切的联系，才能不断得到丰富与完善。因此，任何关于传统文化现代化的理论，只有参与社会实践才能验证其有效性。二十一世纪以来，文化产业的迅速发展无疑为传统文化的现代化提供了得天独厚的实践舞台。中国传统文化意象的再生，实质上是将中国传统文化意象置于当代文化空间，通过内涵发掘与形式创新，重新建构起与当代文化的联系，最终实现文化意象与文化之间的意义共生关系。在这个意义上，中国传统文化意象的再生，是二十世纪以来中国传统文化现代化的实践探索，是中华优秀传统文化创造性转化与创新性发展的路径探索。

（二）"再生"与内容生产

中国传统文化意象的再生，实质上就是内容生产，是传统文化现代化的实践探索。如果说传统文化的现代转化是统领二十世纪思想文化领域的一根重要线索，那么在二十一世纪，随着消费社会的到来，文化成为商品，传统文化的现代转化在这个时代主要表现为文化产业生产实践中对传统文化资源的开发利用，即传统文化资源参与文化产品的生产。这种利用传统文化资源进行的产品生产，实质上就是内容生产。"再生"的文化传承功能与文化生产属性决定了内容生产的内涵。

"再生"是深入发掘传统文化的内涵，实现传统与现代的对话。随着社会生活的变化，人们的生活方式、价值观念也在发生变迁。以现代观念来发掘传统文化资源的内涵，既生产了新内容，也使文化传统得以延续。例如，三国文化集聚了古代中国人的军事智慧谋略，当下和平与发展成为世界的主题，三国文化的军事智慧被用于复杂的现代管理、竞争激烈的商战以及虚拟的游戏空

---

① 张灏：《新儒家与当代中国的思想危机》//封祖盛：《当代新儒家》，生活·读书·新知三联书店，1989年，第65页。

间,重新焕发活力。后工业社会对资源的大量消耗使人类面临资源枯竭的困境,中国传统的天人合一思想、和谐发展的生态观,在当代具有独特的思想价值。

"再生"是充分利用现代媒介对传统文化资源进行加工、重构的过程。现代社会媒介的发展为内容生产提供了多样化的载体,也催生了现代消费者。传统文化资源在走进现代生活时,必须转化为能够满足现代消费市场需求的形式。因此,"再生"实质上也是一种形式生产。例如,古典小说的影视剧改编就是将文字媒介转化为视听媒介的形式生产。但是,这种媒介转化也体现着内容创新与价值关怀。例如,影视业选取传统文化中的经典故事与典型意象,利用现代影视媒介打造出的武侠类型片就是一种成功的内容生产。它以现代媒介来讲述传统故事,影视媒介的叙事话语使传统武侠故事中的功夫得以直观展示。武侠片将传统武侠文化与现代媒介密切结合,传统江湖被打造成迥异于现代社会的生存空间,以寄托现代人"笑傲江湖"的白日梦。这种新形式使中国传统武侠文化在现代社会实现了意义衍生,顺利完成了现代转化。

"再生"是以创新为核心,以创意为导向的内容生产。无论是深层的内涵发掘与价值阐释,还是表层的媒介转化与形式创新,创新都是其中的驱动力量。创新决定着创意的生成与内容生产的价值实现。在创意生成方面,创新决定了思维导向与路径。例如,《功夫熊猫》的形象设计就显示了创新的引领价值:熊猫是一种珍稀濒危动物,体态肥硕,性情慵懒;功夫强调身手敏捷、动作迅疾、身怀绝技,具有行走江湖的勇气与实力,二者在熊猫阿宝身上得到了统一。这一形象的产生是对传统思维的颠覆,创意产生于看似相斥的矛盾关系中。

内容生产还要得到市场的认可,才能完成价值实现。在这方面,卡通形象流氓兔(MashiMaro)的设计具有代表性。这一形象将白兔柔软的外形与现代食品棉花糖结合,进行抽象变形,生成为浑圆白胖的卡通兔形象。兔子在东方文化中以性情温柔、娴静著称,眯着眼的流氓兔是当代青少年无厘头文化对传统白兔形象的整合。流氓兔慢条斯理、一意孤行、少言寡语、喜欢恶作剧、调皮又带戏谑的个性,是青少年亚文化对传统文化意象的改写,丰富了传统文化意象的内涵。流氓兔作为韩国第一个打进国际市场的卡通形象,很快跻身国际一线动漫明星行列,与米奇、Hellokitty、机器猫、加菲猫等卡通明星齐名。

二、"再生"的必然性与必要性

从社会生活与文化的发展来看,中国传统文化意象在当代文化产业中的再生具有理论上的必然性。在全球化时代，对于深受"资源魔咒"困扰的文化资源大国，传统文化意象的再生也具有现实的必要性。传统文化意象的再生既体现了历史发展的必然，也是文化生产实践的迫切要求。

（一）"再生"的必然性

1. 技术进步的推动

社会生活的经济、政治、文化三个领域是相互依存的，任何社会的文化都不是凭空产生的，其建立必然依托一定的社会物质生产基础。随着科学技术的进步，新的媒体与技术手段进入文化生产领域，对文化产品生产与人们的日常文化消费产生了重要影响。例如，历史上造纸术、印刷术的发明，带动了人们对纸质印刷品的消费，极大地促进了文化的繁荣。电子技术的发展把电影、电视这类文化产品带入了人们的生活，逐渐取代了文字消费品的主导地位，把文化消费引入了图像时代。当代互联网技术的发展，使人们在图像消费的基础上进入了网络时代。显然，科学技术制约着文化消费方式，一种新技术的应用必然带来文化产品形式的革新与进步。因此，利用新的技术方式对传统文化资源进行重新阐释，便成了文化资源再生的一种重要途径。

2. 创意主导的引领

随着生产力的发展，人类对资源的开发利用会不断发生变化，在不同的社会历史时期，资源的形态也会随着生产力的发展而发生潜在的变迁。在经济发展的不同阶段，劳动力、资本、自然资源等生产要素对经济增长的贡献也不相同。在传统经济中，劳动力、资本、自然资源占据主导地位；而"在知识经济时代，经济发展过程中主导性资源出现了划时代的变化，即人力资源和知识成为主导性资源和驱动力。当人的创造力成为主体资源，资源的内涵和外延得到了更深刻和广泛拓展，一些具有历史积淀的物质载体、民间传说、民俗风尚、小说故事等等，就均可纳入资源的范畴，加以开发利用，成为促进经济增长的有用资源。这种开发和利用的成功与效果则取决于人们创意的发挥"[1]。信息社会的到来，使人类的智力资源成为最具潜力的主导资源。当人类智力用于满足自身需求的文化资源开发时，必然会推动传统文化资源的再生。

---

[1] 厉无畏：《历史文化资源的开发利用与创意转化》，《学习与探索》，2010年第4期。

（二）"再生"的必要性

中国传统文化意象的再生不仅是必然的，也是必要的。这是由文化资源价值的非消耗性、文化产品价值的延伸性决定的。

1. 文化资源的非消耗性

从文化生产的角度看，作为生产原材料的文化资源具有非消耗性。文化资源不同于一般的物质生产资源，在文化产品的生产过程中，所发生的主要是意义的增殖与新形式的创造。文化产品的生产是通过文化创意与新的科技手段对传统文化元素进行意义的发掘与拓展，在此基础上将其优化、整合、包装为新的文化产品。这一过程不仅不会造成文化资源的消耗，反而会实现文化资源意义的生长与延伸。同时，对于一种传统文化资源，可以通过不同的创意与技术手段进行多次开发与重复使用。资源不仅不会被消耗，反而可以使其意义变得更加多元。例如，对中国古典名著《西游记》进行影视、动漫、游戏等不同形式的改编，能够生产出不同形式的文化产品。通过这种文化生产，《西游记》的内涵不断被拓展，内容与形式都实现了增殖。文化资源的非消耗性，在以绿色发展为导向的当代具有突出的价值。

2. 文化产品的价值延伸性

从文化消费的角度看，文化产品的价值具有延伸性。人们对文化产品的消费不同于一般的物质消费。文化产品的价值并不会因为文化消费的实现而灭失，相反，却会在文化消费的过程中实现价值延伸。一部影视片可以反复播放，其价值并不会因播放而消失，反而会因为广泛的传播而收获更多的经济效益。影片中的价值观、生活方式、人物形象会对消费者产生潜在的影响，进而带动衍生品市场的发展。例如，韩剧的热播带动了韩国饮食、服饰、旅游等相关产业的兴盛。

文化产品的价值延伸在一定程度上还促成了文化资源的再生与价值增殖。通过文化产品的消费，能够提高文化资源的利用率，拓展文化资源的内涵。例如，影视作品的外景地往往会随着影视的播放成为热门的旅游景点，根据小说改编的影视剧的成功往往会带动原作的热销。同时，根据同一文化资源进行文化创意生产的文化产品，会实现文化资源总量的增加。一种文化产品可以成为其他产品的资源，增加社会的文化资源总量。例如，民间故事和传说可以被加工成长篇小说，长篇小说可以成为影视产品的资源，影视产品又可能成为广告产品的创意源泉。文化产品的价值随着消费和传播过程的传递，不但增加了自身的价值，而且也增加了整个社会文化资源的价值和总量。另一方面，文化产品的消费能够"提高文化消费者的知识水平，而消费者知识水平的提高必然刺激文化生产水平的提高，导致新的文化产品的出现和新的文化资源的发现"[1]。

三、"再生"的路径

从宏观的资源转化层面看，传统文化资源的再生，实质上是消费社会利用传统文化资源进行文化产品的生产。在文化产业成为支柱产业的当代，如何开发利用传统文化资源，生产出具有社会与经济双重价值的文化产品，以满足人们的消费需求，是文化产业的内容生产要解决的首要问题。胡晓明通过分析中国文化资源利用中存在的文化赤字、文化失衡、文化八卦等诸多问题，提出了"中国文化意象的生产"这一问题，探讨了文化意象生产的机遇、路径，并以书法行草、龙井茶、桃花、巫山神女等文化意象为例，进行了具体阐释。[2] 王建疆提出的"敦煌艺术的再生研究"探讨了民族艺术走进当代生活空间的可能性与具体路径。中国传统文化意象的再生受到了学术界的充分关注。[3]

在微观的生产实践层面，文化意象是一个内涵丰富、外延宽泛的整体性概念。其表层为具体的形象、符号、程式，其深层不仅折射着特定文化的心理原型，还承载着这一文化的价值取向。对中国传统文化意象再生路径的探讨，可以参照广义符号学的框架，从能指、所指、解释项三个方面进行：所指层面的故事化意义生产、能指层面的景观化呈现、语境层面的场景化打造。

第二节 意义生产的故事化

意义生产的基础与前提是意义内涵的多元化与意义的开放性，而故事化的叙述则是为文本赋予意义的重要路径。受制于文化的"前理解"，意义生产的故事化可以从文化经典的演绎、文化意象的重组两个方面展开。

---

[1] 陆扬：《文化研究导论》，高等教育出版社，2012年，第241页。
[2] 胡晓明：《略论中国文化意象的生产》，《文艺理论研究》，2007年第1期。
[3] 王建疆：《敦煌艺术：从原生到再生——兼议著名大型乐舞〈丝路花雨〉成功演出30周年》，《甘肃社会科学》，2009年第5期。

一、意义的开放性

(一) 意义溯源

关于"意义"的研究涉及哲学、逻辑学、心理学、语言学、文艺学等学科,足见意义的复杂性。

1. 中国文化中的"意义"

(1) "意"

《说文解字》以"意"释"志":"意,志也,从心音,察言而知意也。""察言而知意也"指明了"意"与"言"的联系,"察言"可以"知意",也点明了"意"来自言说者主体。"志,意也"①,"意"与"志"相互阐释,二者相同的形旁表明它们都来自主体的内心,因此《毛诗序》的"诗言志"才将"言志"作为诗歌的目的。不仅是语言文字活动,在人类的社会生活中处处可见对"意"的表达。总体上看,"意"主要有以下几个义项:第一,意思,引申为意味。如"书不尽言,言不尽意"(《周易·系辞上》),"帘外雨潺潺,春意阑珊"(李煜《浪淘沙令·帘外雨潺潺》)。第二,愿望、意图。如"明君在上,便辟不能食其意"(《管子·君臣下》),"用君之心,行君之意"(《楚辞·卜居》)。第三,料想,猜测。如"攻其无备,出其不意"(《孙子·计》)。

贯穿上述各项的是主体的内心活动,"意"要通过一定的途径表达出来,语言是人类重要的交流工具,因此便成了表意的首选,也由此引发了历久弥新的"言意之辩"。简言之,"意"来自主体的内心,是表达者的内心情志,也可以说是借由文辞所表达的思想、情志。

(2) "义"

"义"主要有四个义项。第一,通"仪"。《说文解字》释"义":"己之威义也。从我,从羊。"② 其中的"义"通"仪",即礼仪,容止。如《周礼·春官·肆师》有"凡国之大事,治其礼仪",郑玄注"郑司农云:义读为仪,古者书仪但为义,今时所谓义为谊。"③ 第二,美、善。古代的"義"是个会意

---

① [汉] 许慎:《说文解字注》,[清] 段玉裁注,上海古籍出版社,1981年,第502页。
② [汉] 许慎:《说文解字注》,[清] 段玉裁注,上海古籍出版社,1981年,第633页。
③ 《周礼注疏》,[汉] 郑玄注,[唐] 贾公彦疏//《十三经注疏(上)》,上海古籍出版社,1997年,第770页。

字,《说文解字注》:"从羊者,与善、美同意。"① 从形旁渊源上看,义与美、善有着相同的内涵,代言了主体的道德理想与价值判断。如《诗·大雅·文王》有"宣昭义问,有虞殷自天",传"义,善"②。第三,指客观世界的"道""理"。《易·解》有"刚柔之际,义无咎也",注"义犹理也"③。《诗·周南·关雎》序"故诗有六义焉"④。第四,义通"宜",即适宜,合理、适宜的事称"义"。如"义者,宜此者也"(《吕氏春秋·孝行览》);《易·乾》有"利物足以和义,贞固足以干事",疏"言天能利益庶物,使物各得其宜"⑤。"义"的这个义项与美、善、道、理相关,"宜"指的是一种符合这些规范的理想状态。"義""从我,从羊",从"我"与"美、善"之间的关系来看,它更多体现为主体与客观世界的理想与价值规范的契合,表达的是一种主体企慕的生存状态。"义"表达的这种道德理想,被列入"五常",成为儒家的道德规范:"仁者人也,亲亲为大。义者宜也,尊贤为大。亲亲之杀,尊贤之等,礼所生也。"⑥

(3)"意义"

通过上文的分析可以发现,"意""义"的内涵与表意倾向有着明显的差别。"意"侧重于主体的思想、情志,"义"则强调客观的仪、美、善、道、理以及主客观相适合的状态。"意""义"在古代文献中也会同时出现,此时二者的差别很明显。《尚书序》提到:"《书》序,序所以为作者之意,昭然义见"⑦。"意"是指作者想借由文辞所表达的思想、情志,而作者表述的最终目的是让人理解经典的大义。这里的"意"是主观的,"义"则是经典才有的,一般作者之"意",不能称为"义"。"意""义"合用在古典文献中也大量存在,如"至元始中,博征通知钟律者,考其意义"(《后汉书·律历志》),"常闲居读《易》,小小作文,皆有意义"(葛洪《神仙传·蓟子训》),"播才思清

---

① [汉]许慎:《说文解字注》,[清]段玉裁注,上海古籍出版社,1981年,第633页。
② 《毛诗正义》,[汉]郑玄笺,[唐]孔颖达等正义//《十三经注疏(上)》,上海古籍出版社,1997年,第505页。
③ 《周易正义》,[魏]王弼等注,[唐]孔颖达等正义//《十三经注疏(上)》,上海古籍出版社,1997年,第52页。
④ 《毛诗正义》,[汉]汉郑玄笺,[唐]孔颖达等正义//《十三经注疏(上)》,上海古籍出版社,1997年,第271页。
⑤ 《周易正义》,[魏]王弼等注,[唐]孔颖达等正义//《十三经注疏(上)》,上海古籍出版社,1997年,第15页。
⑥ [宋]朱熹:《中庸章句》//《四书章句集注》,中华书局,1983年,第28页。
⑦ 《尚书正义》,[汉]孔安国传,[唐]孔颖达等正义//《十三经注疏(上)》,上海古籍出版社,1997年,第116页。

辩，有意义"（《晋书·缪播传》），其中的意义都来自主体。"仆少好学问，自五经之外，百氏之书，未有闻而不求，得而不观者，然其所志，惟在其意义所归"（韩愈《答侯继书》），这里的意义来自文本。

从源头上看，意义不论来自文本还是创作、解释主体，它都是主观之"意"与客观之"义"的融合。"无论是从字义还是从儒家思想的角度，'意义'，不是个人或部分人的'意见'、'意欲'或'意念'，而是一切主观的'意'之合宜或符合'义'者。人皆拥有意见或意欲，但不等于意义。在儒家看来，不是任何主观性均可成为意义的内容。只有适宜之'意'才有意义，才符合'义'。……'意义'之'意'，突出实践上的'志意'、'意境'、'意念'等义，是主观个体性的；'意义'之'义'，'宜'也，突出客观社会性的实现。主观个体的'意'是个体性地生成的，客观社会的'义'却要求客观群体性的实现。综合而言，'意义'即'意之宜'也，是主客观的统一、个我与社会的统一。"[1] 显然，意义是个关系范畴，它体现的是一种主观世界与客观世界相符合的理想状态。

2. 西方文化中的"意义"

西方学界对意义的研究以语言哲学为代表，既涉及意义的内涵，也关涉意义的产生。如奥格登与瑞恰慈在《意义的意义》中列举了22种意义的内涵：1) 一种内在品质；2) 一种与其他事物之间无法分析的关联；3) 词典中该词条下列出的词；4) 该词的内涵；5) 一种本质；6) 投射到对象上的一种活动；7/a) 一个意向中的事件；7/b) 一种意向；8) 系统中任何物所占的地位；9) 一个事物在我们未来经验中的实际后果；10) 一个声言卷入或隐含的理论后果；11) 任何事物引发的感情；12) 一个符号由于某种被选择好的关系而实际上联系着的东西；13/a) 一个刺激引发的记忆，获得的联想；13/b) 任何事件的记忆启动（appropriate）的其他事件；13/c) 一个符号被解释为即是的某种东西；13/d) 任何事物提示的东西（如果是符号，则是）；14) 符号使用者应当在指称的东西；15) 符号使用者相信自己在指称的东西；16/a) 或是符号解释者所指称的东西；16/b) 符号解释者相信他在指称的东西；16/c) 符号解释者相信符号使用者在指称的东西。[2]

这些义项既涉及客体对象的品质、概念、本质、内涵，又包括客体之间的

---

[1] 龚建平：《意义的生成与实现：〈礼记〉哲学思想》，商务印书馆，2005年，第257页。
[2] 赵毅衡：《意义的意义之意义：论符号学与现象学的结合部》，《学习与探索》，2015年第1期。

关系、位置、联系以及主体的意向活动、情感、联想、记忆，等等。英国语言学家利奇将意义划分为：理性意义、内涵意义、社会意义、情感意义、反映意义、搭配意义、主题意义。其中的内涵意义、社会意义、情感意义、反映意义和搭配意义统称为"联想意义"。理性意义即概念意义，是语言最稳定的基本意义，它可分解成若干语义成分。内涵意义附加在概念意义之上，对于不同的主体、情境，其内涵意义会发生变化；社会意义指语言表达的社会信息或社会态度，即语言使用的社会环境意义；情感意义是指通过概念意义、内涵意义、语调和言辞等表达的情感态度；反映意义指的是语言潜在的影射意义；搭配意义指因特定语境产生的意义；主题意义又称"主位意义"，是言语过程中借助语序、焦点设置、突出强调等组织信息的方式传递的意义。[1] 赫施在《解释的有效性》中对意义（meaning）与意思（significance）进行了区分，认为meaning指文本固有的意义，即确定不变的作者的意图；significance则是文本与特定的解释者、情境相遇的结果，其特点是可变的、相对的。[2]

在源头方面，维特根斯坦、罗素、胡塞尔等都认为意义产生于人类的意向性活动。如维特根斯坦认为，"并不存在某种作为语言本质的可观察的意义，语言的意义只能存在于语言的用法中。而语言用法的千差万别，正是由于不同的使用者意向的内容千差万别。我们只能分别地、具体地观察使用者在每次使用时的意向，而不能看到一般的、普遍的意义，正如生命对每个人都有不同的意义，因此，一旦我们注意到语言使用中的意向性，一切围绕'意义'的难题都会消失，因为意向性才是使用语言的真正根源"[3]。显然，意义产生于人类的交流活动，由于语境的千变万化，更增添了意义的多重性以及准确把握意义的难度。

（二）意义的多元化与开放性

人是制造意义的动物，为生存赋予意义是人类社会存在的重要目的，也是人类文化的本质。因此，意义问题也是西方哲学、语言学、符号学关注的焦点。"为了把各种人类行为转变为人类学，把各系列事件转变为历史，我们不得不去探寻人类活动的含义和历史的含义。在我们看来，人类世界本质上可定义为意义的世界。世界只有意谓什么才称得上是'人'的世界。"[4]

---

[1] ［英］杰弗里·利奇：《语义学》，李瑞华等译，上海外语教育出版社，1987年，第13~29页。
[2] ［美］赫施：《解释的有效性》，王才勇译，生活·读书·新知三联书店，1991年，第34~39页。
[3] 江怡：《维特根斯坦：一种后哲学的文化》，社会科学文献出版社，1998年，第25页。
[4] ［法］格雷马斯：《结构语义学》，蒋梓骅译，百花文艺出版社，2001年，第1页。

尽管意义的内涵如此多元，如果将其置于符号学的意义交流框架中，从源头上对其进行分析，还是能够将其大致划分为三个方面：来自符号的发出者，相当于汉语中的"意"；来自文本本身；来自解释者，即符号的接受者。这三种源头体现了西方哲学关于意义的三种观念：现象学强调符号发出者的"意向"，认为意义来源于符号的发出者；新批评的文本中心论强调意义来自文本，必须通过文本细读才能寻求意义；存在主义与接受美学则认为意义来自解释者。① 无论具体的生成路径如何，意义都是主体的一种心智活动。它固然受到语境等外在因素的限制，却无法改变其生成的本原。意义源自主体，主体又生活于特定的文化，是文化的参与者，是他们赋予了人、客观事物以意义。"正是通过我们对事物的使用，通过我们就它们所说、所想和所感受的，即通过我们表征它们的方法，我们才给予它们一个意义。在某种程度上，我们凭我们带给它们的解释框架给各种人、物及事以意义。"② 主体为事物赋予意义，是因为不同文化的主体对事物的意义有着不同的解读。例如红色在中国文化中意味着吉祥、喜庆，而在西方文化中则恰恰相反，意味着禁止与否定。同时，在相同文化的不同语境中，"红"的意义也不尽相同："他见到陌生人容易脸红"与"他气得脸都红了"，这两个句子中的"脸红"，在中国文化中有着完全不同的意义。红色的意义到底是什么？只能综合各方面的因素以及语境进行判断。由此可见，意义不仅是多元的，而且是开放的，决定意义的因素是特定文化中的主体。"一首诗或一幅画不过是一种凭借，它们所含有的意义只能是我们赋予的。于是'我们'成了意义的最高决策者，正是这个'我们'确定了我们感知世界的文化过滤系统，并在特殊对象——纵横交错之能指所形成的结果：油画、诗歌、故事——中选择和排列'隐性'的认知范式。"③ 意义的多元性与开放性也为意义的生产提供了先决条件。

二、意义生产与故事化

人是理性的动物，意义是人类理性活动的结果。如果说世界是意义的世界，人则是生产意义的动物，而故事化是意义生产的重要路径。故事化实质上是故事文本的生产，即为叙述生产对象文本。这是因为叙述、叙事、故事是三

---

① 赵毅衡：《意义的意义之意义：论符号学与现象学的结合部》，《学习与探索》，2015年第1期。
② [英]霍尔：《表征：文化表征与意指实践》，徐亮、陆兴华译，商务印书馆，2013年，第4页。
③ [法]格雷马斯：《论意义：符号学论文集》，吴泓缈、冯学俊译，百花文艺出版社，2011年，第4页。

位一体的人类制造意义、交流信息的活动，这种活动是作为主体的人建构自我认同与群体认同的需要，对于叙述者与接受者都具有重要意义。意义是叙事的目的，叙事是意义生产的重要途径。

（一）叙事与故事化

1. 叙述与故事

叙述是人类的一种表达行为，也是人们利用特定的媒介进行沟通交流的形式。人是社会性动物，人际间信息的传播交流是人们日常生活的重要内容。叙述"是人类组织个人生存经验和社会文化经验的普遍方式。……是人类认识世界的一个基本途径"①。因此，叙述可以说是人类基本的生存技能，是人类生存的基本组织方式。经典叙事学研究中的叙述是人类通过语言进行的交流行为。里蒙-凯南在《叙事虚构作品》中强调了叙述的语言性质："叙述一词指的是：（1）把叙述内容作为信息由发话人（addresser）传递给受话人（addressee）的交流过程；（2）用来传递这个信息的媒介具有语言（verbal）性质——正是这一性质使叙事虚构作品区别于采用其他媒介的叙事作品，如电影，舞蹈，哑剧等。"② 这种对语言媒介的强调，随着电影、舞蹈等以虚拟、实体景观为媒介的作品的兴起，不断受到质疑。罗伯特·司格勒斯则强调叙述的行为特征："叙述首先是一种人类的行为。它尤其是一种模仿或表现的行为，通过这样的行为，人类传达出各种信息。"一个叙述"可以在口头上陈述，可以被写下来，可以被一群演员或一个演员表演出来，可以在无言的哑剧中展现出来，或者可以作为一系列视觉形象，伴随或不伴随言词而呈现出来，或者作为电影流动的画面，伴随或不伴随声音、说话、音乐和书面语而被呈现出来"。③ 对于叙述行为的关注，使叙事学研究中的叙述突破了语言媒介的限制，体现了经典叙事学向后经典叙事学的过渡。总之，叙述是人类运用特定媒介进行信息交流的行为。

作为叙述对象的故事，并不是简单的日常生活中发生的事情或者文学、影视中的虚构事件，而是按照时间或逻辑关系排列起来的事件。事件即发生的事

---

① 赵毅衡：《广义叙述学》，四川大学出版社，2013年，第1页。
② ［以］里蒙-凯南：《叙事虚构作品》，姚锦清等译，生活·读书·新知三联书店，1989年，第4页。
③ ［美］罗伯特·司格勒斯：《符号学与文学》，谭大立、龚见明译，春风文艺出版社，1988年，第89~90页。

情,从动态的角度看,"一个'事件'就可以被看作是从一种事态到另一种事态的转变"①。普林斯曾举过这样的例子:"约翰很快乐,后来,他遇见了彼得,于是,他就不高兴了。"② 其中就涉及因"遇见了彼得"这个事件导致的由"快乐"到"不高兴"的状态变化。如果仅叙述"约翰很快乐",或仅仅叙述"约翰遇见了彼得",都难以构成"叙事"。叙事必须涉及两个或两个以上的事件或状态。事件可以按照时间顺序与因果关系结合成序列,再进一步组成故事。当然,对于这两种组合规则,也有不同的观点。叙事学家对于因果关系是否构成叙事的要件意见不一。如佛斯特就将故事与情节进行了区分。他认为以时间顺序排列起来的是故事,"情节同样要叙述事件,只不过特别强调因果关系罢了"③。"国王死了,后来王后也死了"这是故事,"国王死了,后来王后也因悲痛而死",则是情节。从故事整体来看,时间与因果原则常常相互交织,两个事件既有时间上的先后,也存在内在的因果联系,因此,现代汉语中往往用"故事情节"来统称二者。

关于故事的构成要素,叙事学领域还有相当多的观点,如"母题""功能""序列"等。故事有着自身的内在结构,这一结构建基于其内部各部分之间的逻辑关系。故事与它如何被表达、被叙述并无直接的关系,它独立于创作者的语言、文体、风格、媒介或符号系统,同一个故事可以通过不同的媒介、采取不同的文体形式来叙述。故事结构的稳定性是其穿行于不同文体、媒体,实现跨媒介叙事的基础。

2. 叙事与故事化

叙事是叙述的实现,即对真实或虚构事件的叙述,简单地说就是讲故事。叙事活动包含了讲述的内容(故事)、讲述行为(叙述)两个方面。关于叙述、故事、叙事之间的关系,国内外叙事学领域学者对此进行了大量研究。

布雷蒙德认为"叙事就是叙述事情(叙+事),即通过语言或其他媒介来再现发生在特定时间和空间里的事件"④。热拉尔·热奈特在《叙事话语》中区分了叙事的三种含义:第一,指的是承担叙述一个或一系列事件的叙述陈

---

① [以]里蒙—凯南:《叙事虚构作品》,姚锦清等译,生活·读书·新知三联书店,1989年,第27页。
② Prince Gerald. *Dictionary of narratology*. Lincoln: University of Nebraska Press, 1987, p.53.
③ [英]爱·摩·佛斯特:《小说面面观》,苏炳文译,花城出版社,1984年,第75页。
④ 申丹、王丽亚:《西方叙事学:经典与后经典》,北京大学出版社,2010年,第2页。

述，口头或书面的话语；第二，指的是真实或虚构的、作为话语对象的接连发生的事件，以及事件之间连贯、反衬、重复等不同的关系；第三，指的仍然是一个事件，但不是人们讲述的事件，而是某人讲述某事（从叙述行为本身考虑）的事件。① 这三种含义分别对应叙述、故事、叙事，叙事是三者的统一。在《新叙事话语》中，为了说明故事/叙事的区别与情节/事件间的对立的类同性，热拉尔·热奈特重提这三个概念：故事即被讲述的全部事件，叙事即讲述这些事件的口头或书面话语，叙述指产生该话语的或真或假的行为，即讲述行为。② 申丹认为"叙述"即"做口头或书面的说明和交待"，可以是口头的也可以是书面的，但强调的是表达行为，"叙事"既注重表达行为也注重表达对象。③ 这里的行为即叙述，对象即故事。叙事是包含着故事与叙述的表意活动，故事和叙述以叙事为中介，通过叙事结成一体，共同完成人类的信息传达活动。

　　里蒙－凯南在分析文本与故事、叙事的关系时，将叙事虚构作品的三个基本方面命名为 story（故事）、text（本文）和 narration（叙述），其中的 text（本文）对应热奈特的 recit（叙事）。④ 他认为"'故事'是一系列前后有序的事件，而'本文'则是口头讲述或书面描写这些事件的话语。简单说来，本文就是我们所读的东西"⑤。对于三者的关系，里蒙－凯南有个精辟的概括，"故事和叙述实际上可以被看作是本文的两个转喻（metonymies），前者就其叙述内容而言，后者则是就其创造行为而言"⑥。显然，本书对叙事的置换强调的是叙事的现场性与总体性，即将叙述动作与叙述对象在特定的时空中采用特定的媒介呈现出来的活动。从存在形态上看，文本是叙事活动的客观形态。赵毅衡在界定叙述时，为其设置了两个要件：一个叙述文本包含由特定主体进行的两个叙述化过程：①某个主体把有人物参与的事件组织进一个符号文本中；

---

　　① ［法］热拉尔·热奈特：《叙事话语 新叙事话语》，王文融译，中国社会科学出版社，1990年，第6页。
　　② ［法］热拉尔·热奈特：《叙事话语 新叙事话语》，王文融译，中国社会科学出版社，1990年，第198页。
　　③ 申丹：《也谈"叙事"还是"叙述"》，《外国文学评论》，2009年第3期。
　　④ ［以］里蒙－凯南：《叙事虚构作品》，姚锦清等译，生活·读书·新知三联书店，1989年，第5页。
　　⑤ ［以］里蒙－凯南：《叙事虚构作品》，姚锦清等译，生活·读书·新知三联书店，1989年，第6页。
　　⑥ ［以］里蒙－凯南：《叙事虚构作品》，姚锦清等译，生活·读书·新知三联书店，1989年，第7页。

②此文本可以被接收者理解为具有时间和意义向度。① 这里的叙述包含了叙述的对象即故事,以叙述文本取代故事,可以说是对经典叙事学研究以故事为叙述对象、以语言为主要叙述媒介的突破,体现了叙述学研究向传统非叙事领域的扩张。

叙事学领域的研究尽管强调的重点不同,但关于叙事活动、叙述行为、故事内容及其之间的关系的观点基本一致。从单一的事件、故事到叙事、本文、文本,都是主体将事件组织起来用于特定场景的交流活动,其目的是进行信息的传达。人类传达信息的活动是三位一体的,是叙述、故事、叙事的统一,三者分别指向交流活动的行为层、内容层和文本层。叙述的目的是意义交流,故事是意义的载体,二者共同构成人类的叙事活动。文本是叙事活动的具象化形式,也是连接叙述者与接受者的纽带。完形心理学认为,人们在知觉时总会按照一定的形式把经验材料组织成有意义的整体。从文化生产的角度看,人类的叙事活动是将一个个单体事件按照一定的关系进行编织组合,生产出故事的文本化过程,即叙述者通过特定的媒介组织事件,讲述故事,生产出叙事文本,这一过程实质上是一种故事化的文本生产。在这个意义上,叙事就是故事化。

(二)叙事与认同

叙事在人类文化发展中具有悠久的历史,在不同文化中具有共通性。叙事作为一种人类主体的文化活动,对人类具有不可或缺的意义。叙事的时间维度与人类生命历程的同构性,使其成为建构主体认同的重要框架,帮助主体形成关于自我的认知。同时,叙事的社会历史文化内涵将个体与社会联系起来,建构了主体的文化属性。这也决定了它在人类文化活动中的永恒性与普遍性。

1. 叙事的永恒性与普遍性

叙事作为一种古老的认知宇宙和人生的方式,伴随着人类文化的发展。在中外文化发展过程中,叙事文本的经久不衰有力地证实了叙事对人类不可或缺的重要意义。在中国文化中,从早期以语言文字为主导的神话、史志、子书、小说、戏曲,到现当代的影视剧、电子游戏等新兴的文本形式,无论媒介如何演变,叙事始终贯穿着各门艺术样式的发展。叙事对西方文化同样重要。古希腊神话、戏剧、史诗这些经典的叙事形式为西方文学艺术创作提供了大量的素材,是西方艺术的源头。摹仿说、现实主义等与叙事相关的创作理论对西方文

---

① 赵毅衡:《广义叙述学》,四川大学出版社,2013年,第7页。

学艺术创作产生了深远的影响。当代以来,随着文化产业的发展,叙事也成为文本生产的重要手段。好莱坞大片、迪士尼动画、日韩动漫游戏……这些风靡世界的经典文本无不以精湛的叙事吸引众多接受者。

叙事不仅在中西文化中源远流长,它还是跨文化的,在东西方具有共通性。"叙事完全可以看作是一个对人类所普遍关心的问题的解答,这个问题即:如何将了解(knowing)的东西转换成可讲述(telling)的东西,如何将人类经验塑造成能被一般人类,而非特定文化的意义结构吸收的形式。我们或许不能完全领会另一种文化的特定思想模式,但是,我们比较容易理解其中的故事,无论这种文化显得多么奇异……叙事远非某种文化用来为经验赋予意义的诸多代码中的一种,它是一种元代码(meta-code),一种人类普遍性,在此基础上有关共享实在之本质的跨文化信息能够得以传递。"[①] 意义源自文化的主体,文化是关于意义的叙述。叙述对于文化与意义的超越表明它与人类主体心理密切相关,作为元代码的叙事能够穿越历史、跨越文化的首要原因在于它与人类的认同相关,是人类建构身份认同的重要路径。

2. 叙事与个体认同

对于叙事文本中意义的生成过程来说,一个负载意义的文本,其意义的实现离不开叙述主体的意义植入与接受主体的阐释。因此,作为个体的主体是意义无可争议的生产者,也是叙述活动存在的前提。

叙事对于主体的意义主要在于身份认同的建构。时间或因果逻辑是叙事组织事件进行意义生产的脉络,其结果以具有连续性的故事文本来呈现。认同是个体对自身的认知,它既表现为"我之为我"的独特性,也表现为这种独特性在时间历程中的连续性。认同的连续性使它在主体身份建构上与叙事有着天然的联系。叙事认同/认同叙事成为叙事学、主体哲学研究的重要内容。叙事是人类理解自身和社会的一种基本方式,也是建构主体关于自我与群体认同的重要途径。

所谓自我认同简单地说就是要回答"我是谁"。而"要回答'我是谁'的问题……就是要讲述一个人的生命故事。讲述的故事的内容就是那个作为'谁'的活动"[②]。这个"谁"作为个体的生命存在,关于他的故事就是通过叙

---

① [美]海登·怀特:《形式的内容:叙事话语与历史再现》,董立河译,文津出版社,2005年,第1~2页。

② Paul Ricoeur. *Time and narrative*, Vol.3. Chicago: University of Chicago Press, 1988, p.246.

事来确立的认同。威廉·拉波夫指出了叙事与人类过去经验的一致性,认为叙事是"对过去经验进行摘要重述的一种方法,它用一系列句子构成的词语序列与实际发生的事件序列相匹配"①。叙事正是通过这种对过去生活经验有选择地重述来建构个体的认同,这种叙事的时间序列在重述个体经验的同时也建构了个体身份的连续性,它将个体的生活经验以整体的故事形式呈现,为主体形成关于个人经验的整体性认知打下了基础。这种时间上的连续性与经验的整体性是个体身份认同建构的前提,也是个体为自身生活经历赋予意义的基础。此外,叙事在建构自我认同的同一性的同时,也将自我与他人区分开来,并通过叙述这种信息交流行为实现自我与他者的互动。这种交互作用不仅展示了自我,也在接受者的反应中重新塑造着自我及其生活的世界。"无论在内容层面还是形式层面,个人叙事都是个人的自我认同。依照这种方法,故事模拟了生活,并向外部世界展现出一个真实的内心世界;同时,它们也塑造和建构着叙述者的个性和生活现状。故事就是个人的自我认同,并在生活中不断被创造、倾诉、修正和重述。通过我们所说的故事,我们了解或发现自己,并向他人展示自己。"② 故事的时间顺序暗合了人类的生命历程。人们的种种经历形成一个个故事,它们按照历时的顺序展开就是一个人的人生。故事是人类总结过去的生活经验,形成判断以指引进一步行动的基础。人们把自己或他人的生活编织成可以讲述的故事,通过这种形式得以认识自身与社会,理解他们的历史,并以此来编织关于未来的想象。叙事的这种互动性将个体与他人联系起来,以完成个体身份的建构。从宏观的层面,众多个体的故事组成关于社会历史的公共叙事。

3. 叙事与群体认同

在群体的层面上,关于自身隶属群体的认知是群体认同或文化认同。国家、民族等共同体的认同,也通过创世神话、民族史诗等叙事形式来塑造、传承。文化是叙事的背景与底色,它不仅为故事提供历史依据,也规定着故事的发展路径,制约着叙事的发展方向。"一方面,故事使我们认识世界、他人和自己。没有人们对所发生和经历的各种事件的叙说,我们就无从知道世界发生了什么,以及人们所想所做的心理历程;另一方面,故事又以它所传递的社会

---

① [美]赫尔曼:《新叙事学》,马海良译,北京大学出版社,2002年,第156页。
② [以]艾米娅·利布里奇、里弗卡·图沃-玛沙奇、塔玛·奇尔波:《叙事研究:阅读、分析和诠释》,王红艳等译,重庆大学出版社,2008年,第6页。

文化规范、风俗习惯塑造着每一个人。这充分展现了故事在个体社会化过程中的强大力量。"① 文化背景为个体的故事设定了特定社会历史空间，使个体的故事与社会历史相关联。

法国学者马尔丹的叙事认同（identity as a narrative）理论，强调认同作为一种叙事，可以通过情节的选择与重组，进行新的诠释，来建构群体的认同。他认为认同对情节的遴选通常围绕三种关系展开：其一，与过去的关系。即寻求认同的历史根源，确立其合法性，并根据认同的需要，对历史事件进行叙事重组。其二，与空间的关系。认同叙事中的空间指群体赖以生存和行使权力的地方，认同叙事的目的就是将空间转化为特定群体的专有之地（exclusive turf），排斥异己力量的存在。其三，与文化的关系。对群体来说，文化是一种意义和智力系统，是群体统一的逻辑基础，认同叙事选择先存的（pre-existing）与群体成长密切相关的文化特质进行重构，强调其在文化体系中的首要性，进而建构认同象征。② 通过这种对情节的选择与重组，关于集体身份的叙事得以形成，群体的身份认同也在故事的讲述中得以建构。

总之，故事文本通过时间及因果逻辑关系呈现出的连续性是连结叙事与认同的核心，时间上的连续性与人类的生命历程相统一，因果逻辑构成意义生成的基础。正是通过叙事活动，个体生命的性质与意义得以展示。人们通过对于个体与群体的认知来建构相应的文化认同。

（三）叙事的意义生产功能

叙述是人类把世界"看出一个名堂、说出一个意义"的方式。③ 在某种意义上，人生就是一个不断为生存赋予意义的过程，"人是制造意义的有机体。他们超越个人经验，从其共同文化里获取建筑材料，来建构自我认同和自我叙事"④。叙事是人们组织过去的生活经验并赋予其意义的基本方式。故事中的时间、因果关系是事件的组合规则，也是意义的逻辑，它最终必然指向一定的意义。毋庸置疑，意义是叙事的目的，关于叙事的意义生成始终是叙事学研究的焦点，从经典叙事学到后叙事学，意义的生成一直是叙事学研究的重要

---

① 高峰强等：《理性的消解：后现代心理学》，山东教育出版社，2009年，第344页。
② Denis-Constant Martin. The choices of identity. *Social Identities*，Vol. 1, No. 1 (1995), pp. 5~16.
③ Jerome S Bruner. *The culture of education*. Cambridge：Harvard University Press，1996，p. 129.
④ ［以］艾米娅·利布里奇、里弗卡·图沃-玛沙奇、塔玛·奇尔波：《叙事研究：阅读、分析和诠释》，王红艳等译，重庆大学出版社，2008年，第8页。

内容。

1. 叙事语法与意义生产

经典叙事学立足于语言学与结构主义理论，以文本为中心，将叙事作品视为独立自足的体系，致力于意义的生成系统研究，旨在建立一套叙事语法，即叙事共同模式的规则和符号系统，以探讨意义生成的规律。列维－斯特劳斯的神话研究、普洛普的民间故事研究、格雷马斯的语义学研究、托多洛夫的叙事语法研究等都以不同的切入视角探讨了叙事文本中的意义生成模式。

对叙事语法的探索始于列维－斯特劳斯和弗拉基米尔·普洛普。列维－斯特劳斯通过对不同的神话文本进行分析，提出了"神话素"这一神话结构的核心。他认为任何神话的结构都是由相互对立的神话素构成，无论神话怎样衍变、发展，这种结构保持不变，所有的神话都是内在结构的变形和转换。这些神话素之间的"二项对立"与类比关系是原始人思维方式的折射，也是神话故事意义生成的基本模式。普洛普通过分析俄罗斯民间童话故事文本，根据人物在情节发展过程中的作用，对于事件与功能进行了区分，为对故事进行系统分类提供了依据，至此，叙事学对故事的结构及其意义生成模式有了深入的认知。格雷马斯在普洛普的基础上以行动元来替代"功能"项，用四种行动元构建了一个可操作的行动元模型，即符号矩阵，以固定的结构框架将无序的"功能"项组合为有序的文本意义生成模式。茨维坦·托多洛夫借用语言学的句法模式研究叙事的意义生成，将故事简化为基本的句法结构，区分出陈述与序列两个故事叙事的基本单位。罗兰·巴尔特将叙事作品划分为功能层、行动层、叙述层，分析不同层面在故事结构以及意义生成中的作用。经典叙事学执着于文本结构的分析，文本意义的生成模式是其探讨的核心。

2. 社会历史与意义生产

经典叙事学的文本研究聚焦于文本，在一定程度上忽略了社会、历史、文化环境等因素对文本意义生成的影响。与经典叙事学关注单一文本相比，后经典叙事学具有复数性，这具体表现在媒介与方法上，"就媒介而言，后经典叙事学超越了单一的文学叙事，走向了跨媒介叙事学，如数字叙事、音乐叙事、法律叙事、图像叙事等；就研究方法而言，后经典叙事学超越了单一的'索绪尔语言学'方法，出现了女性主义叙事学、认知叙事学、修辞叙事学、后殖民主义叙事学等"①。从经典叙事学到后经典叙事学，叙事学研究的焦点不断扩展。后经典叙事学引入性别理论、认知科学、电影和媒介研究等领域的概念和方法，为叙事功能与叙事形式研究提供了新视角。"'它的意思是什么？'这绝不是结构主义叙事学要问的问题，它关心的问题是'何以会有这样的意思？'而且以为这个问题的答案会客观地演绎出来。"②后经典叙事学将意义生产由文本结构转向具体的文本意义以及参与意义生产的元素，体现出叙事学的接受转向、作者转向、语境转向。它将叙事文本视为文化语境中的产物，关注作品与其创作语境和接受语境的关联，将注意力由故事文本转向故事文本的结构特征与读者阐释相互作用的规律，以及对具体叙事作品意义的探讨，将文本与媒介、社会历史文化、语境等因素联系起来，通过跨学科研究，关注作者、文本、读者与社会历史语境的交互作用，以全面深入地理解故事的结构、运作与意义生成机制。

总之，无论是对文本内部意义生成模式的研究，还是对影响文本意义的外部社会历史文化语境等因素的研究，都围绕意义这个中心话题来进行。意义生产是叙事学研究的核心，也是故事化的目的。

三、故事化的路径

如前所述，故事化就是叙事文本的生产，文本生产是内容生产的核心。作为一个文化资源大国，利用传统文化资源进行文化文本生产是文化产业发展的必由之路，而故事化则是传统文化意象进入文本，转化为文化产品的重要途径。从接受美学的视角来看，文化塑造了接受者的"前理解"与"期待视野"，决定了他们的审美趣味和消费偏好。在内容生产的过程中，要充分利用消费者对中国传统文化经典的审美期待，通过文化经典的演绎与文化意象的重组，实现继承与创新。

（一）文化经典的演绎

在漫长的人类文化发展过程中，承载着特定文化核心价值的经典历经时间检验而流传下来。经典是文化的凝聚物与代言人，通过宗教、教育等途径规约着个体的价值取向、知识图式、审美趣味，塑造出特定的文化心理，建构起艺

---

① 尚必武：《叙事学研究的新发展——戴维·赫尔曼访谈录》，《外国文学》，2009年第5期。
② [美]罗宾·R.沃霍尔：《歉疚的追求：女性主义叙事学对文化研究的贡献》//[美]赫尔曼：《新叙事学》，马海良译，北京大学出版社，2002年，第233页。

术接受中的"前理解"与"期待视野"。因此，文化经典不仅是文化传承的纽带，也是文化创新的基础，对于故事生产具有重要的价值。在当代内容生产中，文化经典的演绎占据重要地位，如四大名著的影视改编，"三国""西游"游戏的畅销。从故事文本与原著关系的角度来看，对于文化经典的演绎，可以分为正向演绎与颠覆性演绎。正向演绎在人物、情节、价值取向等方面与原著保持一致，如原著故事情节的延伸与对情节空白的填充等。颠覆性演绎虽然沿用了原著的人物与叙事框架，但在故事情节、人物性格、价值取向等方面则进行全面的颠覆与改写，如戏说、戏仿、大话等。此外，对于口头文学的加工重述，也是经典演绎的重要形态。

1. 正向演绎

从文化经典中延伸出的故事，从时间先后来看，可以分为向前推衍与向后延伸两个方向。向前推衍的前传讲述的故事发生在经典故事之前，通过经典中的人物与经典故事的主要情节连接。向后延伸的演绎主要是对于原著故事的续写，这种续写有着悠久的历史，中国古典小说大都有这类演绎，如清代对《红楼梦》就有多个不同的续写版本。当代影视剧有大量的对经典文本的演绎。如《白蛇：缘起》《白蛇2：青蛇劫起》的叙事由许仙和白素贞的故事转向对白蛇、青蛇前世的发掘。从时间与剧情的发展来看，这种演绎主要利用了人类思维对因果关系的追求。在注意力稀缺的时代，这种内容生产的系列化有助于维护粉丝群体的稳定性，并通过内容的跨媒介流动，产生持续的收益。

正向演绎中还包括对文本空白点的演绎，即在经典故事情节中寻找空白点，以此为基础来讲述新故事，并将其置于经典故事的框架中。这种二次创作是对于经典文本细节的进一步发掘，其情节具有寄生性。由于受众对于熟悉的经典已形成了心理期待，这种演绎往往能够收到良好的效果。如2015年上映的动画片《西游记之大圣归来》的故事就是从《西游记》经典文本的空白处衍生出来的。它在大闹天宫故事之后，杜撰了幼年唐僧（江流儿）与孙悟空的故事，影片细化了孙悟空的被解救过程，虽然与原著有出入，但却借这个切入点进一步故事化，形成了完整的情节，整体上与取经故事相契合。接受美学的文本"空白点"是阅读过程中读者参与文本意义生产的中介，阅读的过程就是这些"空白点"通过激发读者的想象进而促使读者填补文本空缺，以完成文本意义的生产。影视媒介不同于文字媒介，它更容易借助具象化的形象编织情节，利用经典文本中的"空白点"与受众的审美期待进行文本生产。这种媒介优势为影视剧本创作提供了更大的空间。

2. 颠覆性演绎

除了正向演绎，戏说、戏仿、大话也是经典演绎的重要路径。戏仿（parody），又译为"戏拟""滑稽模仿"等，是一种戏谑性、讽刺性的模仿。这种演绎的特色在于"戏"，"戏"作动词时，有开玩笑、嘲弄、游戏之意。戏说、戏仿是相对于已经成为常识性的叙述与模仿而言的。其对象通常为正史与经典文本，是借用这些对象进行的二次创作。戏说、戏仿文本的意义来源于与正史、经典的对照，通过对正史与经典的情节、形象等进行反讽式模仿和变形式夸张，形成"熟悉的陌生化"审美效果，以达到调侃、嘲讽、游戏的目的。戏说、戏仿在近现代中国可上溯至鲁迅的《故事新编》。二十世纪九十年代，这一新的艺术创作方式开始在影视剧领域大放异彩，《戏说乾隆》《康熙微服私访记》《宰相刘罗锅》《还珠格格》《铁齿铜牙纪晓岚》等戏说历史之作，祛除了权力的神圣与崇高，消解了政治的无常与残暴，将帝王、臣子还原为家长里短、儿女情长的普通民众，历史在戏说中呈现为迥异于惯常形式的温情脉脉的民间日常形态。随着网络文学的崛起，戏仿成为网络文学创作的重要方法，传统经典成为戏仿的对象，从四大名著到二十四史，内容无所不包，《悟空传》《沙僧日记》《八戒日记》《明朝那些事儿》《贾宝玉日记》等都是代表作品。

大话也是对经典的戏说、戏仿，指用来对经典作品进行改写、戏说乃至胡说的一种话语和文本类型。[①] 这种文本的代表是电影《大话西游》，影片借用《西游记》中的人物进行二次创作，以全新的故事情节及人物性格与原著形成鲜明的对照，颠覆了经典文本的故事程式与人物形象。整体来看，戏说、戏仿、大话等经典演绎形式，是消费社会语境下对文化经典的一种消费，其中体现的是对经典、权威、正统的篡改和冒犯。这种与经典的对立，体现在人物形象、情节设置、时空关系、话语方式等方面。在人物形象上，主要表现为对经典文本中神圣人物的世俗化，高大人物的矮化。例如，《大话西游》中唐僧变成了傻瓜，白骨精变成了情圣；《沙僧日记》中的唐僧师徒们个个好色又贪图酒肉。在围绕人物活动的情节设置与时空关系方面，这种"大话"经典将原著的神圣空间与世俗的生活世界实现了对接。在话语表达上，不同语言符号、话语形式的拼贴实现了话语与语言的双重狂欢，用无聊、琐碎解构了传统文化苦心孤诣建构的大道、正义。在戏谑与庄谐的混杂中，构成对经典文本的反讽，

[①] 陶东风、和磊：《中国新时期文学30年（1978—2008）》，中国社会科学出版社，2008年，第341页。

文本意义也在娱乐化、游戏化的氛围中生成。这种大众化、狂欢化的民间色彩，消解了经典与大众的距离，将神圣的经典偶像矮化为有七情六欲的世俗人物，在经典与日常生活之间建立起联系，成为文化经典走向大众的桥梁。

近年来，这种颠覆性演绎在国漫的人物造型、价值取向等层面得到了集中展示。代表性作品如《哪吒之魔童降世》，对哪吒、敖丙、李靖夫妇、太乙真人等角色形象进行重构：哪吒保留了红肚兜、丸子头、混天绫、风火轮等传统造型，以保留其形象辨识度，而烟熏妆的大黑眼圈成为魔童的当代身份印记，表征着当代流行的"丑萌"亚文化；敖丙由传统的凶神恶煞形象一变为眉清目秀、彬彬有礼的少年；李靖在高大威猛、冷酷之外，多了一份慈祥；殷夫人由相夫教子的柔弱妇人，转化为刚中带柔的母亲，成为巾帼不让须眉的女将；太乙真人由仙风道骨的神仙形象，转化为滑稽、油腻的普通人。在人物关系设定上，敖丙与哪吒不再是死对头，而是亦敌亦友的关系。这种演绎体现了当代世俗化、娱乐化、商业化的大众文化以及追求个性的青年亚文化对经典的重塑。

3. 重述神话

对口头文学进行文学加工重述，也是经典再生的重要内容。2005年，英国坎农格特出版社（Canongate Books）出版人杰米·拜恩发起了"重述神话"写作计划，邀请25个国家和地区的著名作家参与。神话作为人类早期的叙事资源，对不同的文化具有重要的原型意义。这一项目在中国吸引了苏童、阿来、李锐、蒋韵、叶兆言等作家的加盟，民间传说成为他们的重述对象。苏童的《碧奴》重述了孟姜女哭长城的传说，作品消解了孟姜女故事的悲剧氛围，代之以简洁而温暖的基调。阿来的《格萨尔王》是对藏民族英雄史诗的阐释与对民族精神的探寻，其"神子降生、赛马称王、雄狮归天"的叙述框架回溯了英雄受命降生、降妖伏魔、功成而返的足迹。李锐、蒋韵的《人间》重述了白蛇传故事。白蛇获得人身后，因一次救人善举未能修得残忍人心，但仍相信人心善良，最终成为族类叛徒。在瘟疫蔓延之际，白蛇舍己救人，最后却死于忘恩负义的村民之手。叶兆言的《后羿》包括《射日》《奔月》两篇。在《射日》中，嫦娥被有戎国俘虏，成为吴刚的女奴。羿生于嫦娥捡到的葫芦，长大后成为神射手，经西王母点拨，与嫦娥结合获得神性。在《奔月》中，羿称王后沉湎酒色，嫦娥服下灵药奔月而去。重述神话既是口头文学文字化的形式演绎，也是以当代语境对话传统进行的内容生产。

（二）文化意象的重组

故事由事件、情节、人物和场景构成。事件是故事的基本叙述单位，具有塑造形象与推动情节发展的双重功能。情节是按照时间序列或因果关系组织起来的事件。故事中的人物既有推动情节发展的行动元功能，又有表现性格特征的角色功能。场景是故事中事件、人物行动发生的空间，对推动情节发展、烘托人物性格有重要意义。对文化意象的重组可以从叙事空间、人物、事件三个方面进行分析。

1. 叙事空间

任何故事的发生都有一定的语境、空间。语境在语言学中即话语，它是决定语言意义生成的重要因素。在故事文本中，语境不仅确立了人物设置、情节发展的大背景，也是人物性格与情节设置的重要依据。例如，江湖背景与功夫片、宫廷背景与宫斗戏、神秘世界与科幻片等。叙事空间可以通过具有象征意蕴的符号来建构，以穿越的形式打破传统的时空观对叙事空间的限定，能够提升表达的自由度。对话开放性的传统叙事空间也是故事生产的重要途径。

（1）符号空间建构

叙事空间与氛围需要具有象征意味的符号来营构，中国传统文化中有大量的符号资源，如汉字、长城、瓷器、中国结、中医、中国书法、太极等，这些符号是文本生产中建构传统文化语境的重要材料。同时，中国人独特的意象思维模式为普通的物象赋予了深层的表意内涵。以具有丰富内涵的植物为例：杨柳象征离别，桃花象征爱情，梅花象征高洁……这些文化意象在当代文本生产中都得到了广泛的运用。

在电影领域，以荆轲刺秦为底本的《英雄》中，巍峨庄严的古代建筑与苍劲有力的书法，为影片建构出一个古代中国的叙事空间：庄严肃穆的秦朝宫殿、悠扬的古琴、苍劲的书法、多彩的服饰，辅之以色彩斑斓的胡杨林、山清水秀的九寨沟等中国特色的自然山水。这些符号与故事相互映衬，凸显了叙事的古典意蕴。室内情景剧《武林外传》则选取中国古代的客栈作为叙事背景，来自不同社会阶层的掌柜、跑堂、账房、掌门、衙役、捕头、乞丐、客官等，代言中国传统生活方式的客栈、当铺、衙门，以及中国传统的器物家具、服饰、兵器，这些文化意象在文本中建构了一个日常化的古典中国生活空间。《卧虎藏龙》以道教精神为主题，影片中简约的明清古装、古雅的京城建筑、清幽的江南水乡竹海、辽阔广袤的西部沙漠、宁静悠远的武当山……在轻灵悠远的叙事气氛中，将一切爱恨情仇融化于道的神秘之中。电视剧《三生三世十里桃花》《花千骨》《如懿传》《琅琊榜》等，都利用大量的视觉符号打造出具有丰富古典意蕴的叙事空间。传统文化符号也是国潮动画片中场景建构的重要元素。如动画电影《大鱼海棠》，不仅故事内容取材于《庄子》《山海经》《诗经》等传统文化经典，还融入了书法、汉服、太极八卦、卷轴、石狮、土楼、中国红等符号，以及放河灯、成人礼等仪式活动，这些符号共同完成了对中国传统生存智慧与文化观念的阐释。

这些由中国传统文化元素建构起的古典空间与其间发生的故事相互支撑，在实现故事意义表达的同时，也表现出当代人对传统文化的自信，"'古风景观'的最终指向与'文化寻根'的表征和诉求有颇多相似之处，可以将其认定为在新的社会文化语境下的民族文化的'二次寻根'"①。

（2）古今叙事空间交融

除了古典空间的建构，当代流行的穿越剧通过特定的叙事策略打通时间对叙事空间的限制，实现古今空间的融合。"南柯一梦""山中方一日，世上已千年""避灾朝穿晋帝屋，逃乱夜入楚王城"，人类超越时空限制的幻想古已有之。当代媒介的发展为穿越打开了更多的通路，穿越的形式更加丰富直观。

当代最早的穿越剧可以追溯到《寻秦记》（2001）、《穿越时空的爱恋》（2002）。2003年以后，作为网络文学重要类型的穿越小说逐渐发展起来。2008年，穿越剧《魔幻手机》在CCTV-8播出，标志着主流文化对"穿越文化"的接纳和认可。2010年，CCTV-8推出改编自同名电影的穿越剧《神话》，使穿越剧的影响力进一步升温。然而，穿越剧对历史的解构、过度娱乐化、低俗化倾向等种种问题，将其自身的发展引入了困境。2012年出台的相关政策禁止穿越剧在上星频道黄金档播出，穿越剧只能在非黄金时段播出，或者通过网络平台播出。尽管如此，网络媒体的发展仍使穿越剧拥有大量的粉丝群体。

穿越剧打破了时空的限制，为叙事拓展了更加广阔的空间。在《魔幻手机》中，陆小千从2006年多次穿越至周口店以及唐、宋时期，黄眉大王、猪刚鬣、孙悟空等则从唐代穿越到现代；代号"傻妞"的魔幻手机从2060年穿越至2006年以及古代。在传统文化观念中，严肃而神圣的历史经过穿越剧的改造，成为大众化的文化产品。这不仅拉近了传统文化与当代人的距离，也使

---

① 王颖：《当下古装影视作品的"古风景观"和民族文化根性——以〈鹤唳华亭〉〈长安十二时辰〉〈妖猫传〉为例》，《当代电视》，2020年第7期。

更多的传统文化元素通过穿越文本进入文化消费市场，为当代文化产品生产开辟了新领域。

穿越剧对历史不仅仅是解构，也包括对中国传统文化的反思以及对当代情绪的表达。例如，《庆余年》讲述了因重症肌无力去世的现代人灵魂穿越到古代的庆国，在家族、江湖、庙堂的争斗中，与神庙代表的高级文明、庆帝代表的封建社会之间发生冲突的故事。其中，剧名"庆余年"包含着多重意蕴，人物名"安之""范闲"也别有深意。该剧不仅致敬了以《红楼梦》为代表的中国古典小说传统，也表达了当代人在遭遇自然灾难与社会变迁时的内心感受。

（3）传统叙事空间阐释

承载着事件的叙事空间是意义生成载体，这个开放的结构能够通过不同主体的阐释进行意义衍生。《枫桥夜泊》是唐诗中的名篇，也是经典的诗词叙事空间，苏州西郊的寒山寺至今还保留着这首诗的印迹。诗中有着明确的时间和地点，"月落""霜满天""夜半"点明了叙事时间为深秋、有月的深夜；"姑苏城外寒山寺""到客船"是故事发生的地点；"乌啼""江枫""渔火""钟声"与表示时间、地点的物象共同烘托着"愁"这一叙事主旋律，为关于"愁"的叙事建构起一个经典的叙事空间。主人公的缺席使其成为一个开放的意义结构。

张晓风在《不朽的失眠》中以作者为本体，将这首诗阐释为一个科场失意的故事。科场是古代读书人进入仕途的重要路径，十年寒窗，悬梁刺股，可以换来衣锦还乡、袍笏加身的荣耀，也可能两手空空，落魄而归，无缘插花游街、马蹄轻疾的风流。对于科场上赌徒般的士人来说，金榜题名与科场失意是他们命运的两种简化形式，他们往往以青春、智慧、汗水为资本与命运进行博弈，非此即彼的冰冷结果，则昭示着世事的无常与命运的无情。对张继而言，科场失意无疑是人生中的一个沉重打击，而历史往往在不经意间，酝酿着另一种可能。于是，失意便成了一种触动诗情的因缘，成就了诗人张继。"感谢上苍，如果没有落第的张继，诗的历史上便少了一首好诗，我们的某一种心情，就没有人来为我们一语道破。"[①]

这首诗在当代被中国风歌曲《涛声依旧》阐释为一个爱情故事，其间的愁绪不再是诗的空灵，而成了散文化的写实叙事。歌声中叙事者走进了画面，叙事焦点由景转向人，那艘夜半到达的客船成为叙事的开端，从中演绎出一个类似西方康桥边曾经发生的浪漫故事。"我"和"你"是故事的主人公，"许多

---

① 张晓风：《张晓风的国学讲坛》，花城出版社，2008年，第169页。

年"这一时间间隔将过去与今天置于两个不同的空间。这里以"温暖""真情""无助"等具象化的情感替代了诗中之"愁"。作为当事人的叙事者形象清晰，给人一种身临其境的现场感。此时也会无眠，这无眠源自对过去那个空间中某些细节的回味与流连，以及对即将到来的重逢场景的幻想与期待。钟声穿越时空响起，记忆中熟悉的笑脸越发清晰起来，只是岁月无情，无法想象经过时光的雕刻与磨砺会有怎样的改变。在"当初"与"今天"的时空间隔中，重温旧梦的愿望变得急迫而强烈。但"船票"与"客船"的时空错位，使这个愿望实现的前景变得渺茫起来。于是，只能带着这个疑问，在惆怅与期待的纠结中感慨曾经错过的那些似水流年……这个从《枫桥夜泊》背景演绎出的怀旧故事，唤醒了当代人青春与爱情的记忆。

2. 人物

（1）"前理解"与人物置换

叙事学意义上的人物具有角色与行动两个功能，即 character/actant。角色塑造性格，行动推动情节发展。在故事化的过程中，人物不仅是故事的主体，也是叙事的动力。人物的选择对故事文本的建构具有决定性意义。中国文学历来有以人物为本体的叙事传统。神话、史传、志怪、志异、传奇、戏曲以及丰富的民间文化，都为后世积淀了大量的人物形象。这些人物通过教育、娱乐等渠道，逐渐建构起个体的审美期待视野，对文本生产具有重要价值。例如，侠客/侠女形象与江湖空间的恩怨情仇，书生形象与科场、庙堂空间的身份爱情故事，王侯将相/嫔妃宫女与宫廷空间的宫斗政治叙事，花仙鬼狐与神秘灵异空间的人神恋故事，等等。人物是牵动这些故事的核心，决定着事件序列与故事的结局。人物、空间、事件之间的程式塑造着接受者的"前理解"。在故事生产过程中，再现经典的程式能够满足消费者的期待。如果突破这一程式，对空间、人物、事件进行置换、嫁接，不仅能够为消费者带来新奇的审美感受，同时也拓展了他们的期待视野。如活跃于江湖空间里的武侠叙事中的人物通常是侠客/侠女，而《功夫熊猫》将其中的人置换为动物熊猫，这一嫁接打破了武侠叙事的程式，为观众带来了全新的审美感受，也为关于熊猫的故事开辟了一片全新的领地。熊猫作为中国特有的文化符号，由于在中国文化中出现较晚，缺乏传统故事资源与潜在叙事文本的支撑，关于熊猫的"前理解"仅限于其笨拙憨厚的神态与简约的黑白两色。《功夫熊猫》将熊猫角色与功夫叙事嫁接，依托功夫的情节要素与观众对功夫的"前理解"，使二者相得益彰，得到了接受者的广泛认同。

（2）小人物的叙事视角

传统文化意象的重组主要是面向历史的故事生产。而中国传统的历史叙事，基本上是以重大历史事件、重要历史人物为主体的宏大叙事，缺乏对微观个体的关注。这也为以小人物为主导的故事化生产留下了空间。这里的小人物有两个内涵：其一，指的是微观的个体人物；其二，指的是社会底层的小人物。史学界对个体人物的关注发端于十八世纪的德国哲学家赫尔德。他发现，当时的大历史观对历史的抽象概括忽略了个体的人生境况，难以描述历史的丰富性[1]，由此引发了历史学、艺术史、人类学等相关研究领域对微观的个体的关注。相关研究中，代表性学者有黄仁宇、史景迁等。黄仁宇的《万历十五年》以明代历史上的一个具体年份为研究对象，围绕当时不同层面的个体人物展开叙事：万历皇帝是政治领域的最高权力者，首辅大学士张居正、后继首辅申时行代表帝国的行政权威，古怪的清官楷模海瑞代表官僚机构，抗倭大将军戚继光代表军事领域，思想领域的代表是离经叛道的名士李贽。以人物为主线的故事各自独立又因人物关系相互交织，对具体人物作为血肉之躯的情感细微体察，还原了公元1587年明王朝四海升平下的暗潮涌动，使历史的叙述更加立体生动。此外，史景迁的历史人物研究也极具代表性，如《曹寅与康熙：一个皇室宠臣的生涯揭秘》《改变中国：在中国的西方顾问》《中国的皇帝：康熙自画像》《王氏之死：大历史背后的小人物命运》《胡若望的疑问》等，都是以个体为研究对象。其中《王氏之死：大历史背后的小人物命运》的底层叙事，将地方志《郯城县志》、官员回忆录《福惠全书》以及蒲松龄的《聊斋志异》作为史料来源，现实与虚幻结合，再现了底层民众的生活与历史的立体性。

这种对历史洪流中个体的关注在当代影视创作中也十分常见。例如，张艺谋的影视作品中有很多以小人物视角讲述大历史的故事，《满江红》就是以虚构的士兵来讲述历史上岳飞与秦桧的故事。小人物的视角不仅为个性鲜明的人物塑造预留了空间，也拉近了观众与故事的距离，创新了历史故事的讲述方式。

（3）经典人物的阐释

中国古典叙事以人物为核心的传统为后世留下了众多经典的人物意象，这些经典人物成为当代内容生产的重要原材料。以爱情叙事为例，其中最具代表性的女性人物莫过于神女形象。爱情是叙事的永恒话题，传统的中国男人常将

---

[1] ［德］卡西尔：《启蒙哲学》，顾伟铭、杨光仲、郑楚宣译，山东人民出版社，1988年，第224页。

神女作为爱人的理想人设，神女成就了他们对爱情的集体幻想。从帝王将相到布衣百姓，其心中无不拥有一个属于自己的神女，这也成为中国文化中"人神恋"的原型。巫山神女、洛水女神以及蒲松龄笔下的花仙鬼狐，都是这一原型意象的表征。"愿荐枕席"的巫山神女让楚怀王为之流连，使楚襄王"惆怅垂涕"；"翩若惊鸿，婉若游龙"的洛神让陈思王欲罢不能；直至现代，仍有"神女应无恙"的多情猜测……神女梦的情爱模式广泛存在于古代的诗词、传奇、戏曲、小说以及民间故事中。

现当代以来，随着女性社会地位的提高，传统社会对女性的预设逐渐被打破，当代故事中大量存在的是游离于男尊女卑模式之外的女神，男性对女性的想象也由神女梦衍生出更多的内涵。这无穷的况味在中国风歌曲《朝云暮雨》中得到了完美阐释。在这首歌中，寻梦者背负着历史的积淀，在各种文本的交织与互文中，身份变得驳杂而多元。追寻神女的"我"，是月夜泛舟江上的行者，是怀着神女梦的君王，是把酒问月的诗人，是望月怀远的苏子，是寒江独钓的渔人。不同于传统辞赋中对神女美貌的极力渲染描摹，歌中的神女形象抽象而模糊，唯一真实可感的是寻梦人找寻的坚定执着。歌曲由古老的"朝云暮雨"母题开篇，化用李白、苏轼诗词中的明月意象，幻化出"沧海桑田"的时空感。借用元稹的"除却巫山不是云"来表达爱与追寻的执着，最后引入柳宗元《江雪》的情境，在东流的江水与定格的过去之间形成对立，进而将找寻的方向回溯到从前。朝云暮雨的诱惑、面对明月的空幻、曾经沧海的执着、江上独钓的孤寂在这个旅程中实现了拼合与对接。在江水的流动中，人神恋的主题牵动起缤纷的意象，共同完成了对神女梦的演绎。这种神女梦的故事编织超越了情爱，折射出社会转型期面对传统与当下的身份困惑与茫然。在媒介快速变迁的当代，技术将神女形象从传统的性别框架束缚中彻底解放出来，河南卫视制作的《洛神水赋》将女性与水融为一体，以华丽的视觉形象还原了女性如水的灵动身姿与柔韧气韵，展示了女神的独立与自信，打造出经典的当代女神形象。

3. 事件

事件是构成故事的基本结构单元，人物、环境空间必须进入特定的事件，才能完成故事的生产，事件决定了故事的基本框架。

（1）二元对立的叙事框架

结构主义在研究故事的意义生成语法时发现，二元对立是意义产生的基础，每一个故事都可以分解为二元对立模式，这一模式推动着对立转换与情节发展。列维－斯特劳斯认为，二元结构模式实质上是神话思维的投射，"神话思维总是从对立的因素出发，朝着对立的解决前进"①。这种二元对立包括善/恶、美/丑、强/弱等，是故事的内在框架。许多经典故事都是围绕这种对立展开的，尽管人物、背景各异，但其结构呈现出显著的一致性。如动物界的猫/鼠、狼/羊等动物之间的天然对立在不同文化背景的民间故事中都可以见到，也因此成为影视文本生产的重要材料。早在二十世纪三十年代，猫鼠故事就被美国人搬上动画舞台，米高梅公司制作的动画系列剧《猫和老鼠》（Tom and Jerry）围绕家猫汤姆和同居一室的老鼠杰瑞展开，汤姆不断驱赶讨厌的房客老鼠，但总是遭到失败，机灵的杰瑞使汤姆的诡计频频落空，且自食其果。猫鼠对立在影片中被演绎成愚笨的追捕者与聪明的猎物之间的一出出恶作剧。类似的还有狼/羊故事。在动物界，狼是凶猛的大型野生动物，在各种版本的故事中通常被塑造成凶残、强暴的一方，与一些弱小、温顺的动物如羊、兔子等构成对立，以此为基础形成不同版本的故事，如"大灰狼""狼来了""狼和小羊"等。这种故事原型在世界各地的文化中都有表现。国产动画片《喜羊羊与灰太狼》就是以狼/羊之间的对立展开叙事的。其衍生的系列电影尽管不断有新的动画形象加入，但基本的叙事原型还是狼/羊故事。这些故事对经典的狼/羊对立以及狼、羊形象进行了改写，在与传统故事形成的对照中，丰富了观众的视野。在社会生活领域关于爱情、家庭伦理的叙事中，包含自然/社会、情/理等对立冲突的俄狄浦斯情结、三角恋等是经典的二元对立模式。例如，张艺谋的电影中有大量以欲望与伦理冲突为主导的故事，《菊豆》《大红灯笼高高挂》《满城尽带黄金甲》《影》等，都将女性置于情与理的对立之中，以冲突的转化与解决来推进叙事的进程。

（2）叙事框架的置换

通过置换与改写，二元对立的叙事框架能够衍生出新的内涵。在道路交通欠发达的中国古代社会，空间是人们要逾越的最大障碍，加之频发的战事、游学科举以及异地为官的政治制度，使离别成为古人生活中无法回避的现实，也是叙事的重要主题。去/留、相聚/分离的对立是这类故事的结构框架。多情自古伤离别，古典诗词中有着大量抒写离愁的名篇，"海内存知己，天涯若比邻""劝君更尽一杯酒，西出阳关无故人""相见时难别亦难，东风无力百花残""今宵酒醒何处？杨柳岸，晓风残月"……众多离情别绪，都凝聚在这些经典的诗句中。其中，李白的《黄鹤楼送孟浩然之广陵》是流传最广的名篇之一。

---

① Claude Levi-Strauss. *Structural anthropology*. New York: Basic Books, 1963, p.224.

诗的前两句简明扼要地点明了送别的时间、地点、目的地，后两句以景写情，融情于景。滔滔的江水、别离的孤独，物象与情感异质同构，相反相衬。在"去"与"留"的茫然与无奈中，在"尽"与"流"的张力中，别离的惆怅让位于个体面对自然的无助与惶恐，在自然力量的崇高感中得以消解，沉重的离愁溶化于流动的江水，随着友人渐行渐远的背影一同消失于天际。

现代交通工具的发达与网络社交的兴起，使离别这种叙事框架成为文化赋予接受者的前理解。在注意力稀缺的时代，怎样发掘叙事框架的潜在文本功能，吸引接受者的关注，是故事生产要面对的重要问题。"烟花三月下扬州"这句贯通古今的离别诗，凭借潜藏的叙事因子与丰富的文化底蕴成为现代阐释的着力点，衍生出的中国风歌曲《烟花三月》是古城扬州城市营销广告的歌唱版。在婉转而轻快的旋律中，离人的背影渐渐清晰，"牵住你的手，相别在黄鹤楼，波涛万里长江水，送你下扬州。真情伴你走，春色为你留，二十四桥明月夜，牵挂在扬州"。同样是相别在黄鹤楼，只是这里的"下扬州"淡化了李白诗中离情的苍凉，更具"腰缠十万贯，骑鹤下扬州"的潇洒气派。"烟花三月是折不断的柳，梦里江南是喝不完的酒，等到那孤帆远影碧空尽，才知道思念总比那西湖瘦"，歌曲以三月的柳代言扬州的美，以"折不断""喝不完"的否定话语反衬出三月江南让人魂牵梦绕的无穷魅力。《烟花三月》通过对离别空间对立的巧妙置换，将友人间去/留的分离对立转化为对游客的招引，赋予了广告叙事丰富的文化内涵，其深层则体现了当代消费文化对经典的再造。

类似的还有张艺谋的电影《长城》对战争叙事的置换。敌/我双方的矛盾是战争故事中最基本的二元对立，长城作为中国古代的战争工事是为了防御外敌入侵修建的，是敌我对立的产物。中美合拍的电影《长城》却将其中的敌方置换为怪兽饕餮，讲述了欧洲雇佣军加入中国军队与怪兽作战的故事。这种转换既受"打怪"叙事模式的影响，也体现了全球化时代人们对战争的全新认知。

（3）意象叙事

在故事情节的发展过程中，有一些物件、事象对叙事具有重要的牵制、引导作用。例如，莫泊桑的小说《项链》、欧·亨利的小说《麦琪的礼物》都是围绕具体的物件展开的故事。物件在其中不仅参与叙事，而且对故事情节的发展与文本意义的生成都起着不可替代的作用。这种情形在中国传统叙事中也很常见。例如，《红楼梦》以石头意象贯穿情节始终：贾宝玉是大荒山青埂峰下女娲补天遗落的顽石，由"幻形入世"到出家出世，小说因之又名《石头记》。

《桃花扇》则以一把扇子来结构故事，从赠扇定情开始，历经溅扇、画扇、寄扇，直至最后撕扇，讲述了一个爱情与兴亡的故事。同时，"桃花扇"这个物象也充满了象征内涵。"桃花"意象具有美人、爱情、薄命等多重内涵，"扇"与"散"谐音，因此，"桃花扇"既象征着美好爱情，也隐含了家国兴亡之悲怆与无奈。这种以意象结构全局的叙事就是典型的意象叙事。从叙事学的角度看，以意象作为叙事线索与情节发展的纽带，统领全篇，这种安排可以使叙事结构紧凑、完整、有序，并能有效控制叙事节奏。从文本意义生成的角度看，由于意象内涵的丰富性，它不仅能够用简约的意象点明故事的主旨，同时也能够渲染叙事气氛，表现人物的内心世界，使故事的主题进一步深化，意蕴更加丰富，为故事的解读与接受提供更大的空间。例如，老舍的小说《月牙儿》就是以"月牙儿"这个意象来展开叙事的，"月牙儿"贯穿全篇关于主人公悲惨遭遇的叙述，同时也作为表露人物心象的物象，使小说具有浓郁的抒情色彩。

由于意象具有突出的布局谋篇功能，意象叙事在影视、戏剧舞台艺术中也十分常见。例如，许鞍华的电影《姨妈的后现代生活》选取月亮为叙事意象来组织故事，反映后现代语境下小人物在城市大舞台上的挣扎浮沉。影片中的后现代都市犹如卡夫卡笔下神秘而荒诞的城堡，维系人际关系的情感纽带已经断裂，亲人形同陌路，情人相互欺骗，后现代的荒原上游荡着一个个孤单的幽灵。将这些生活碎片统一起来的是那轮反复出现在叙事节点的黄月亮，它诱人的鹅黄色给人以希望，也隐喻着叙述者的理想，具有浓郁的抒情色彩。意象叙事在影视叙事中更为常见的是寻宝模式，如张艺谋的《满江红》就是以寻找密信来推动情节发展的。舞台艺术中的《大梦敦煌》以飞天画稿作为叙事意象，来讲述画家莫高与月牙的爱情故事。舞剧以飞天统领全局，由飞天画稿的失而复得来引导情节的发展与人物的悲欢离合。清代的李渔对戏曲创作曾经提出"立头脑""减头绪""密针线"的结构原则，在这个意义上，意象叙事的文本结构功能对文本生产具有重要意义。

总之，在具体的叙事活动中，传统文化意象中蕴藏着众多的叙事框架与经典意象，这些叙事素材可以通过意象组合的方式进入叙事文本的生产，传统文化意象中的文化积淀正是通过叙事被赋予了新的内涵，在当代语境中得到了新生。

第三节　意义呈现的景观化

叙事是一种故事讲述活动，叙述行为必须通过一定的载体才能实现意义交流的目的。因此，媒介这种传播载体在叙事活动中扮演着重要角色，选取适当的媒介进行故事讲述，才能实现意义的有效传输。后经典叙事学已经注意到媒介在故事讲述中的特殊意义，将叙事分析由文学推衍到数字、音乐、法律、图像等领域，以探究跨媒介叙事活动中的故事及其运作机制。媒介对故事讲述的意义在当代变得更加突出。随着当代科技的发展，数字传播技术将人类带入了图像时代，数字媒体对印刷技术的取代全面地改变了人们的生活，人类讲述故事的方式也由以文字媒介为主导的印刷时代进入以景观呈现为主导的数字时代。景观呈现成为数字时代故事的载体，景观化贯穿了故事制作与意义生成、传达、交流的全过程，成为故事讲述的主要方式。但是，这一趋势也蕴含着深刻的危机：带有强烈技术主义倾向的景观生产逐渐侵占文本的叙事空间，"技术的视觉"驱逐了"艺术的叙事"，这既是后现代社会碎片化生存的必然，也反映了工具理性对人类感官的全面控制。因此，如何实现故事化与景观化的双赢应当是文本生产要解决的首要问题。正是在这个意义上，传统文化意象为二者的和解提供了可能。

一、景观与叙述

（一）景观概念溯源

1. 中国文化的"景观"

《说文解字》中"景"的本义为日光，"景，光也。从日京声"[①]。在古文中，"景"是个多义字，有：亮光、日光；景象、风景；大；仰慕、敬爱等义。其中与景观接近的即风物、景象。如"阴盛阳微，金铁为飞，此何景也"（《汉书·梅福传》），"天下良辰美景，赏心乐事，四者难并"（谢灵运《拟魏太子邺中集诗序》），其中的"景"都指风景、景象。《说文解字》中"观"的本义为

---

① ［汉］许慎：《说文解字注》，［清］段玉裁注，上海古籍出版社，1981年，第304页。

"谛视也,从见蒦声",谛视,即仔细审视。段注引《谷梁传》进一步说明,"常事曰视,非常曰观。凡以我谛视物曰观,使人得以谛视我亦曰观。犹之以我见人,使人见我皆曰视"①。"观"也指看的对象,即景象,如"皇皇哉斯事!天下之壮观,王者之丕业!"(《史记·司马相如列传》)。杨万里的《过弋阳观竞渡》:"三年端午真虚过,奇观初逢慰道涂。"(《诚斋集》卷24)其中的"观"与"景"同义。"观"还指与看相关的游览活动,如"女曰观乎?士曰既且。且往观乎"(《诗·郑风·溱洧》),"吾何修,而可以比于先王观也"《孟子·梁惠王下》②,其中的"观"与"游"相通。

通过以上的分析可以发现,"景"与"观"在古代汉语中的意义有重合之处,二者都可以用来指视觉的对象,如景物、奇观,"观"更加强调"视"的动作,古代汉语中不见二者连用。古代汉语中有"景物""风景""景象",如白居易的名句"江南好,风景旧曾谙",其中的"风景"即现代的景观概念。总之,中国文化中的"景观"是个现代的概念,其内涵大致等同于"景物""风景",主要指人的视觉所及的对象。

2. 西方文化中的景观

欧洲的景观概念出现在文艺复兴时期,其最初的意思为"一幅油画"。英文中的景观有 scenery、landscape、spectacle 等形式。scenery 指视觉美学上的风景、景致、景色;landscape 指 picture of inland scenery,即风景画,也指风景画的表现对象——附着于地表的大地的一部分;spectacle 出自拉丁文 spectae 和 specere,意思是"观看""被看",有时也译为"奇观"。与前两个词不同,它主要强调主体的"观",当然作为看的对象,它也突出客体不同寻常的视觉特征。从视觉客体的视角看,西方文化中的景观有两个来源,具有双重意义:"表现景观的绘画作品"和"地域可见的一部分"③。

西方的景观概念隶属于不同的领域,可以从地理学、美学两个视角来观照。地理学意义的景观泛指地表的景象,作为一个科学名词,它用来指称特定区域或类型的景观。特定区域的景观是指发生学上相对一致、形态结构同一的区域,即综合自然地理区;类型的景观是指相互隔离的地段按其外部特征的相

---

① [汉]许慎:《说文解字注》,[清]段玉裁注,上海古籍出版社,1981年,第408页。
② 《孟子注疏》,[汉]赵岐注,[宋]孙奭疏//《十三经注疏(下)》,上海古籍出版社,1997年,第2675页。
③ 安建国、方晓灵:《法国景观设计思想与教育》,高等教育出版社,2012年,第8页。

似性，归为同一类型单位，如城市景观、草原景观、森林景观等。① 美学意义上的景观是指通过观赏能够带来审美体验的视觉物象。这些物象包含两个方面：一种是自然界的天然风景，如山川水流、花草鱼虫等；另一种是人类的创造物，它既包含实体的形式，如各类与人类活动相关的建筑，也包含对自然与人类活动的模仿，如绘画、影视等形式。

3. 现代意义的景观

"常事曰视，非常曰观。"中国文化中对"观"的界定，为理解景观的审美价值提供了一个窗口。只有非常态才能以"观"，"观"不等同于普通的"视"，其原因就在于对象的非常态可以为主体带来审美感受。同时，景观既突出客体的景，也强调主体的观。正是在主客体的互动中，景观才因其审美价值而得以建构。随着社会的发展、技术的进步，人类活动在更深入、广泛地改变着自然，也制造着更加多样的景观。消费社会的到来，在日常生活审美化的大潮中，景观已经成为人们生活的一部分，从城市街景、园林绿化到银幕上的奇观大片，景观全方位地介入人们的生活。旅游业的快速发展使景观这一消费对象成为重要的旅游资源，环境问题也使生态景观受到更多当代人的关注。当代的景观已经突破了最初的研究视域，有着更加广阔的发展前景。

（二）景观与叙述

1. 叙述与模仿

如前所述，叙述是人类利用特定的媒介进行信息交流的行为。在具体的叙事活动中，对于客体故事的讲述可以通过叙述，也可以通过模仿。叙述与模仿是人类讲故事的两种方法，二者的区别在于：叙述是叙述人以旁观者的口吻来讲述故事，而不参与故事中人物的活动；模仿是叙述人以故事中人物的身份来讲述故事，即对故事中人物的模仿。最早对叙述与模仿进行区分的是柏拉图，《理想国》第三卷指出了叙述（diegesis）和模仿（mimesis）这两种表现言语的方法的异同：叙述是"诗人自己在讲话，没有使我们感到有别人在讲话"，"诗人处处出现，从不隐藏自己"②。而当诗人"使他自己的声音笑貌象另外一

---

① 王长俊：《景观美学》，南京师范大学出版社，2002年，第1页。
② ［古希腊］柏拉图：《理想国》，郭斌和、张竹明译，商务印书馆，1986年，第95~96页。

个人，就是模仿他所扮演的那一个人了"①，诗人明确地以自己的身份说话就是叙述；诗人试图创造一种幻象，仿佛不是他本人在说话，而是别人在说话则是模仿。柏拉图认为，通过对叙事与模仿的分析，可以考察讲故事的内容与方式，即"讲什么"与"怎么讲"的问题。"讲什么"涉及故事内容，"怎么讲"则是指讲故事的方式。模仿与叙事这两种讲述方式影响着内容的传达。不同艺术形式所采用的讲述方式也不相同。在柏拉图看来，戏剧是纯粹的模仿，抒情诗是直接叙事，史诗是二者的结合。继柏拉图之后，亚里士多德在《诗学》中把模仿由语言扩大到行动，认为模仿就是再现。各种艺术（如悲剧、喜剧、酒神颂、双管箫乐、竖琴乐）实质上都是模仿，其差异主要在于模仿所用的媒介、选取的对象、采用的方式不同。画家、雕刻家用颜色和姿态来模仿，游吟诗人、演员用声音来模仿；模仿选取的对象都是行动中的人，其区别主要在于好人与坏人；模仿采用的方式可以像荷马那样，时而用叙述，时而让人物出场，也可以始终不变，用自己的口吻来叙述，还可以使模仿者用动作来模仿，即表演。② 总之，模仿是叙述的一种，是用行动进行的叙述。

2. 展示与演示

亚里士多德的观点受到了现代英美小说理论家的质疑。他们认为，"与戏剧的表现相反，任何叙事都不能展示或模仿它讲的故事，而只能以详尽、准确、生动的方式讲述它，并因此程度不同地造成模仿错觉，这是唯一的叙述模仿，理由只有一个，而且很充分：口头或书面叙述是一种言语行为，而言语则意味着不模仿"③。他们针锋相对地指出，戏剧的模仿与言语的模仿有着质的不同。对相同对象，这种差异在表层的模仿媒介上主要体现为身体展示与言语行为的差异，从深层的模仿方式上看，则表现为叙述者与故事的距离，即叙述人对于叙事的介入。布斯认为，"客观的""非个人的"或"戏剧式的"叙述要优越于叙述者直接出面的叙述方式。前者可称为艺术的"展示"，后者可称为非艺术的"讲述"，并列举一位小说家为自己辩护的例子进行说明，"我不会给你讲述任何事情。我将允许你偷听我的人物谈话，有时他们吐露真情，有时他们说谎，你必须自己断定他们讲的究竟是真话还是假话"④。

---

① ［古希腊］柏拉图：《理想国》，郭斌和、张竹明译，商务印书馆，1986年，第95页。
② ［古希腊］亚里斯多德：《诗学》，罗念生译，人民文学出版社，1962年，第3~10页。
③ ［法］热拉尔·热奈特：《叙事话语 新叙事话语》，王文融译，中国社会科学出版社，1990年，第109页。
④ ［美］韦恩·布斯：《小说修辞学》，付礼军译，广西人民出版社，1987年，第10页。

所谓"展示"是相对于叙述者介入叙事的叙事而言的,即叙述者完全隐匿,事件和对话直接呈现出来。这种纯粹客观的方式,让接受者可以根据文本的显示,得出自己的结论,从而避开了叙述者的干扰。实质上,这种展示不仅得益于叙事者的消隐,更得益于戏剧模仿媒介对于言语的优越性。身体媒介借助动作、行为、表情,便能充分表达故事的内涵,这是单一的言语行为无法做到的。这种以舞台表演为经典形式的叙述方式也称为"演示"。"从历史上看,与叙述的模式同样重要的还有另一种传达叙事信息的模式,它毫不犹豫地将叙述者从交流过程中排斥出去,而让各种各样的人物相会在同一个'剧场',登上同一个舞台。为此,人们求助于演员们,他们的任务就是在现场(这里和现在),在观众面前,活灵活现地表现他们所扮演的人物已经历过的、各种各样的情节(他处和过去);这一模式的主要表现形式是戏剧演出,柏拉图称之为'摹仿',我们最近提出将这种模式命名为'演示'。"[1] 随着科技的发展,电影、电视、短视频等艺术形式的出现,演示这种讲故事的方式得到了迅速的发展。影视剧、广告、网络游戏、短视频等艺术形式无不利用演示进行叙事。

3. 叙事与景观

从源头上看,讲故事的方式有叙述与模仿。亚里士多德将二者都以"模仿"命名,二者的不同仅在于语言与行动这两种媒介的区分。这不仅将内容的呈现载体由纯粹的语言拓展到行动,也在客观上也使讲述的对象从抽象的文字转向具象的舞台空间。在舞台上,通过表演者的身体呈现,形成不同于寻常生活的景观。"非常曰观",正是舞台的间离效应在平常与非常之间进行的区分,将舞台上的表演定格为一幕幕视觉景观。在这个意义上,戏剧对人的行动的模仿,实质上是用人的身体及肢体语言讲述故事的方式。这种呈现方式实质上是将语言文本转化为舞台景观的过程。关于叙事中的再现、显示、模仿,罗兰·巴尔特曾经指出:"有关叙事'现实主义'的主张应受到怀疑……叙事的功能不是去'再现',它是要去建构一种景观……叙事并不显示,并不模仿……从指涉(现实)的角度看,叙事中'所发生的'简直就是虚无(nothing);'所发生的'仅仅是语言,是语言的冒险,是对它即将来临的不断称颂。"[2] 他否定叙事与现实之间的联系,认为叙事是通过语言进行的景观建构。实际上,叙

---

[1] [加]安德烈·戈德罗、[法]弗朗索瓦·若斯特:《什么是电影叙事学》,刘云舟译,商务印书馆,2005年,第29页。

[2] [美]海登·怀特:《形式的内容:叙事话语与历史再现》,董立河译,文津出版社,2005年,第53页。

事的媒介不仅限于语言，还包括表情、肢体动作等人类行动，以及各种实物形式的存在。通过人类行动进行景观建构的经典形式是以戏剧为代表的舞台艺术。影视剧等艺术形式则是电子媒介对经典戏剧景观建构形式的继承和传播方式的拓展。通过实物形式进行的景观建构，广泛存在于各种不同的日常生活空间。

随着消费社会的到来，从虚拟的影像景观到现存的实物景观，作为消费对象的景观全面进入人们的生活。虚拟影像景观充斥着各种电子终端，实物景观成为日常生活环境营造与旅游目的地建设的重要元素。在这种情境下，景观叙事作为一种意义生成方式，成为景观建设的策略，被提上议事日程。景观叙事是以景观为媒介，通过景观的呈现来讲述故事的方式。作为显示和演示底本的景观成为故事的载体，接受者通过视觉感受形成完整的意义链，从而实现意义的交流传递。

二、景观社会的景观生产

景观化是讲故事的一种方式，也是景观的生产。景观对当代社会生活的全面占领，是景观社会的标志，也将景观生产提升为重要的文化产业发展战略。故事相对于叙述话语的独立性是跨媒介叙事的理论基础，也为景观生产提供了更大的发展空间。丰富的传统文化资源通过新媒介的讲述，再生为一道道亮丽的景观，为文化产业的内容生产提供了取之不尽的资源。

科学技术的进步把人类由印刷时代带到电子时代，媒介的变迁在客观上促进了人类感知方式由语言向图像的转化，人类由此进入景观社会。消费社会的生产过剩，使景观成为诱导消费的手段。于是，景观成为人们生活中无处不在的场景，景观生产成为文化生产的重要内容。

（一）图像时代的景观社会

媒介作为一种交流工具，在社会发展中扮演着重要角色。麦克卢汉认为，以媒介为区分，人类社会存在着口头文化、印刷文化、电子文化。纵观人类发展的历史，从语言媒介、影像媒介到网络虚拟现实媒介，媒介的变化引发了人类感知世界与人际交流方式的变迁，不断地改变着人们的生活，塑造着人们的感知接受能力。现代以来，科技的迅猛发展把人类由印刷时代带入了电子信息时代。在人类迈向消费社会的进程中，传媒业的发展功不可没。二十世纪中期，电视等电子传媒在西方世界迅速崛起，并得到了快速发展。以美国为例，电视在二十世纪五十年代初取代收音机进入普通家庭，成为基本的传播媒介。

电视进入日常生活，对人类具有划时代的意义，它将影像与人们的日常生活联系起来，把人类带入了一个图像时代。

在以电子传媒为基础的图像时代，人们的感知交流方式都发生了全方位的变化。本雅明从技术与艺术关系的视角将图像时代命名为机械复制时代，并以电影工业为例分析了艺术从古典向现代的转型以及由此引发的变化：随着科技的发展，以照相、电影等技术为基础的艺术品大量复制，使传统艺术的光晕逐渐消失，这一变化直接导致艺术的膜拜价值转向展示价值，在客观上也促成了艺术接受方式的潜在变化，艺术品的欣赏也逐渐由传统的凝视、膜拜转向消遣性接受。电影就是机械复制时代的后审美艺术的经典形式。为了说明人们感知方式的变化，本雅明对绘画与电影进行了比较，"面对画布，观赏者就沉浸于他的联想活动中；面对电影银幕，观赏者却不会沉浸于他的联想。观赏者很难对电影画面进行思索，当他意欲进行这种思索时，银幕画面就已变掉了。电影银幕的画面无法被固定住"[①]。电影的这种特性排斥艺术欣赏过程中的凝视与膜拜，也生产出了消遣的大众。大众对艺术的消遣是以触觉和视觉共同完成的，"触觉方面的接受不是以聚精会神的方式发生，而是以熟悉闲散的方式发生"[②]。这种接受方式消解了欣赏过程的紧张专注，把接受活动还原为一种轻松的顺带性观赏，发生这种变化具有一定的必然性。"在历史转折时期，人类感知机制所面临的任务以单纯的视觉方式，即以单纯的沉思冥想是根本无法完成的，它渐渐地根据触觉接受的引导，即通过适应去完成。然而心不在焉者也是能够去适应的。更有甚者：某些任务就因能在消遣中去完成，才表明完成这些任务对某个人来说已成了习惯。"[③] 机械复制时代的消遣性观赏促进了大众对新奇视觉画面的追逐，只有打破常规的"奇观"才能为他们带来新鲜的视觉体验，否则就会出现审美疲劳。审美疲劳不断催生新的奇观，古典艺术的静观、韵味变得不合时宜，对于奇观的追逐成为艺术创作与欣赏的核心。丹尼尔·贝尔认为这种以视觉体验为主导的大众文化与消费社会有着内在的关联，"如今，'主流话语'是视觉。音响和画面（特别是后者）构成了美学，指导着观众。在大众社会里，几乎不可能有其他情形。大众娱乐（马戏、景观、剧院）总是视觉为上的"。因此，当代生活中的城市与时尚都特别强调视觉因素，

---

① [德]本雅明：《机械复制时代的艺术作品》，王才勇译，中国城市出版社，2002年，第123~124页。
② [德]本雅明：《机械复制时代的艺术作品》，王才勇译，中国城市出版社，2002年，第127页。
③ [德]本雅明：《机械复制时代的艺术作品》，王才勇译，中国城市出版社，2002年，第127~128页。

"首先，现代世界是个都市世界。大城市的生活和它限定的刺激及社交方式，为人们看与想看（而不是读或听）事物提供了优先机会。其次，当代风尚的本质是渴求行动（和冥思相反），寻求新奇，欲求感官刺激。而恰是艺术中的视觉元素最好地安抚了这些冲动"[1]。

视觉文化对社会生活的意义还可以从社会经济发展的角度来分析。技术进步将人类带入了生产过剩、以消费为主导的消费社会。相对于传统社会，消费社会的阶级关系、物质需求与文化需求之间的关系、经济与文化之间的关系、生产与消费之间的关系等都发生了重组。其中最突出的是经济与文化交融，文化在经济活动中的地位日益突出。一方面，文化由精英走向大众，审美走向日常生活；同时，文化与技术一起致力于商品的包装及消费需求的刺激与引导，成为引导社会生产消费的重要力量。影像则是文化、技术作用于社会生活的中介，通过影像制作与传播技术，梦想与现实、真实与虚构相互交融，消费者被虚拟的影像世界包裹。"消费绝不仅仅是为满足特定需要的商品使用价值的消费。相反，通过广告、大众传媒和商品展陈技巧，消费文化动摇了原来商品的使用或产品意义的观念，并赋予其新的影像与记号，全面激发人们广泛的感觉联系和欲望。"[2] 影视广告等大众传媒以影像为载体，建构起一个景观世界，传播、引领着消费时尚。同时，技术进步带动不同科技文化领域相互渗透，电影、电视、摄影、绘画、广告、动漫、游戏、多媒体、互联网等技术编织出了一个强大的视觉图像系统，以此为基础构筑了一个崭新的景观社会。

以图像为基础建构的景观社会不仅左右着消费社会的经济关系，对于社会政治关系的建构也具有重要意义。景观社会中的影像已经超越了其自身，它是"以影像为中介的人们之间的社会关系。景观不能被理解为一种由大众传播技术制造的视觉欺骗，事实上，它是已经物化了的世界观。从整体上理解景观，它不仅是占统治地位的生产方式的结果，也是其目标。景观不是附加于现实世界的无关紧要的装饰或补充，它是现实社会非现实的核心。在其全部特有的形式——新闻、宣传、广告、娱乐表演中，景观成为主导性的生活模式"[3]。从生活景观化到消费景观化，景观可以说是当代社会的统治力量，在它的统治下，以呈现/显示为目的的景观生产成为社会生产以及社会政治霸权争夺中的重要一极。

---

[1] [美]丹尼尔·贝尔：《资本主义文化矛盾》，严蓓文译，江苏人民出版社，2012年，第110页。
[2] [英]迈克·费瑟斯通：《消费文化与后现代主义》，刘精明译，译林出版社，2000年，第160页。
[3] [法]居伊·德波：《景观社会》，王昭风译，南京大学出版社，2006年，第3~4页。

（二）景观化与景观生产

景观化，顾名思义就是将非景观转化为景观的过程，其实质就是景观生产。在以消费为主导的景观社会中，景观成为控制社会生产的重要力量。它不仅参与生产，而且通过传媒制造消费流行以引导消费，从而完成社会再生产的循环。对文化产业而言，利用传统文化资源进行景观生产是文化产品生产的核心。

如前所述，对景观的观照可以有人文地理学、美学等不同的视角，本书讨论的景观主要限于美学领域。作为审美对象的景观从源头上可以分为自然与人文两种类型。自然景观即客观存在的、未经过人类加工改造的原生态风景、景物，如自然山川、原野、水流、动植物等。自然景观在本体属性上与其他自然界的存在物并没有显著区别，一座自然界的山峰是自然的造化，一旦进入主体的审美视野，被作为一处风景，便成了审美的对象——景观。显然，主体的审美需求、感知等一系列相关审美活动实现了自然物向景观的转化。景观的生成以审美主体的参与为前提。审美主体从自然界的物象中发现了美的因子，在对自然物象的感知过程中产生了愉悦的精神体验，因为有了主体的"观"，客体的景观才得以存在。因此，以自然景观为原材料的景观生产，即自然景观的景观化，必须融入人类主体的审美观照。在这个意义上，自然景观是自然人化的结果，实质上也是人文景观。

人文景观是人类活动的创造物，从其存在形态上可以分为实体景观与虚拟景观。实体景观是人类按照美的规律改造自然的产物，人类通过改造自然创造出展示性的实物形式，如建筑、园林、设施等。实体景观与人类生活密切相关，它们不仅是人类生活的重要组成部分，也体现着人类对自然物的审美改造。例如，人类利用各种物质材料建造的居住空间，既是人类物质生活的一部分，也是体现人类审美情趣的文化景观。虚拟景观主要是指以模仿为手段，通过虚拟的视觉媒介进行展示的艺术作品。这类景观是对人类社会生活的曲折反映，具有虚幻性、仿真性，如电影、电视、电子游戏等。从存在形式上看，电影、电视作品等虽然也有物质载体，如电影胶片、电视碟片等，但这并不影响其作为虚拟景观的本质。虚拟景观的内容与社会生活有着明显的距离。它是对真实社会生活的模仿，通过剪切、拼贴虚构出的影像世界。虚拟景观以艺术的形式介入并反映生活，它是人类以真实生活为底本的全新创造，体现的是人类的审美趣味与审美标准。以戏剧、舞蹈为代表的舞台艺术介于实体景观与虚拟景观之间。从存在形式上看，以人类身体为媒介的现场表演对特定时空的占有使其具有实体景观的特征。在内容上,它与虚拟景观有着显著的一致性。戏剧、舞蹈等舞台艺术的内容也是对社会生活的提炼与模仿,与现实的社会生活隔了一层。

作为视觉对象的景观是大众消费产品,也是当代文化领域不可或缺的关键词,景观生产对文化产业的发展具有举足轻重的意义。在消费社会语境下,景观化是传统文化意象再生的重要路径,广泛出现在文化生产的不同领域。在虚拟景观生产方面,当代科技的发展使新兴的传播和制作技术不断应用于文化生产。利用新技术对传统的经典文本进行技术翻新,实现跨媒介叙事,针对不同消费群体进行产品开发,推陈出新以适应市场的变化发展。在实体景观生产方面,当代休闲旅游业的快速发展,使越来越多的自然山水、人文景观进入消费市场,满足不断增长的消费需求。这些景观往往与特定地域的历史文化、宗教信仰、民间故事、神话传说、生活习俗、名人逸事等有着不可分割的联系。因此,以叙事来组织景观生产,通过景观叙事对地域文化资源进行系统整合,不仅能够凸显地域特色,传承地域文化,也是打造实体景观的重要路径。在舞台景观生产方面,由于舞台景观兼具实体性与虚拟性,在内容上可以参照影视艺术的内容生产,利用人体媒介通过创意融入时尚元素,对经典文本进行舞台改编;在形式上,可以引入实体景观,以其为舞台场景,利用高科技整合虚拟景观与实体景观,通过演员的表演使二者得到有机统一。

三、景观生产的类型

(一)虚拟景观的生产

虚拟景观的生产是指利用影像等新兴媒介形式进行的视觉文本生产,包括原创的视觉文本生产与立足于经典文本的二次创作。鉴于本书的研究中心为传统文化意象的再生,这里主要讨论后者,即利用传统文化意象进行的虚拟景观生产。叙事学理论中,故事相对于叙事的独立性是经典文本二次创作的理论基础。在具体实践中,主要表现为以不同媒介重述经典的跨媒介叙事,以及利用新兴媒介技术对经典文本的翻新。

1. 故事的独立性

经典叙事学理论认为,故事与叙述、叙事是三个不同的概念。故事由一系列按特定关系组合起来的事件组成,叙事是通过一定的媒介与话语方式对故事的讲述,一个叙事文本的生成是三者的统一。从理论上看,组成故事的事件及事件之间的关系具有确定性，这种确定性决定了故事的形态完整性与意义自足性。尽管在叙事的实现过程中，叙述行为、叙事话语在一定程度上会影响故事意义的生成与传达，但这种影响很难改变故事结构与意旨的稳定性。因此，从整体上看，故事相对于叙述行为与叙事话语具有一定的独立性。

故事游离于叙述行为与叙事话语的独立性是其游走于不同媒介的前提。正是因为故事的独立性，同一个故事才能以不同的媒介形式出现，经典文本才能进行不同形式的改编。故事在不同话语、媒介形式中的旅行，生成了不同的文本类型。例如，《西游记》的故事有文字版、图画版、电影版、电视版、动画版、游戏版……随着新媒介的发展，故事的讲述方式不断推陈出新。对于历史悠久的文化资源大国来说，众多的文化经典构成了庞大的故事资源库，重新讲述这些故事是文本生产的重要路径。

2. 跨媒介叙事

对于内容生产而言，创新主要表现在故事的创作与讲述两个方面。由于经典故事广为流传，具有一定的影响力，因此采用新型媒介重述经典故事成为创新的重要路径，即采用图像、电子媒介、身体表演等形式来讲述经典故事，在各领域生成不同的文本形态，以实现故事在不同媒介之间的穿越。这种不同媒介对故事内容的共享通常称为"文本旅行"或"跨媒介叙事"，其理论基础是故事相对于叙述话语的独立性。跨媒介叙事根据对象可以分为古代经典重述与现代故事的跨媒介衍生。例如，对于古代经典文本可以进行电影、电视剧、动漫网络游戏等形式的改编，现当代的经典故事同样可以在上述媒介中穿行，生成新文本。

在传统文化意象再生过程中，以新媒体重述经典是重要形式之一，其中又以视觉图像媒介为主体。因此，跨媒介叙事实质上是一种景观生产，即以影视等新兴媒介话语来叙述、呈现经典。新兴媒介主要是相对于传统媒介而言，通常指影视、动漫、游戏等形式。跨媒介叙事有着悠久的历史，自从电影艺术诞生以来，文学与戏剧一直是其取材的重要源头。跨媒介叙事中最突出的是对文化经典的重述。文化经典通常是指包含固定的人物、完整的情节以及意义旨归的故事。由于故事对叙述话语的独立性，这些经典可以通过不同的文体、艺术形式、媒介进行讲述。西方经典作家雨果、巴尔扎克、托尔斯泰等的小说、莎士比亚的戏剧都曾多次被搬上银幕。

中国古代叙事艺术非常发达，从神话故事到长篇小说，有着众多的故事资源。在影视艺术蓬勃发展的当代，这些传统文化资源成为经典重述的主体，在文本生产中占据着重要地位。古典文学中的传奇、小说、戏曲为影视剧提供了大量的素材。例如，中国古典四大名著的改编从戏剧艺术到电影艺术，直至当代的动漫艺术，始终是这一领域的重头戏。这种形式早期主要是对名著核心情节改编制作的电影，如取自《西游记》的动画电影《大闹天宫》《猪八戒吃西瓜》《铁扇公主》，取自《封神演义》的动画电影《哪吒闹海》，取自《水浒传》的《武松》等，都是以人物为核心，选取名著的经典情节进行再叙述。由于篇幅限制，直至适合表现鸿篇巨制的电视剧出现，古典名著的完整版才得以电视剧的形式展示。二十世纪八十年代以来，中国古典四大名著先后多次被改编成电视连续剧。其后，随着网络游戏的崛起，《三国演义》《西游记》又成为网络游戏的重要取材资源，形成了众多版本的系列游戏。历代传奇、小说也是影视改编的热点，如唐传奇中的《聂隐娘》于1997年被改编为同名古装武侠电视剧，2015年又由台湾导演侯孝贤改编为《刺客聂隐娘》。近年来，又有《哪吒之魔童降世》《姜子牙》等取自古典题材的动画电影。在经典重述中，故事情节、人物的改编基本忠实于原著，同时也会根据媒介的特点进行适当的调整。例如，小说《水浒传》中的李逵是一个多面的人物，他既鲁莽又杀人如麻。为了适合影视表现，在改编时对这个人物性格的塑造集中展示了其鲁莽的特征，既矫正了原著中的暴力倾向，也使人物性格更加突出。

跨媒介叙事涉及的不仅有传统的经典，还包括当代产生的新经典。以武侠故事为例，武侠小说是武侠故事的经典文本形态，随着当代新兴媒介的崛起，武侠故事成为影视游戏改编的中心。例如，金庸、古龙的武侠小说都有对应的影视版本。近年来，这种以影视媒介重述文学作品的单一改编向度被打破，影视、游戏、文学等媒介之间形成了双向互通，实现了文本在不同媒介之间的自由旅行。例如，网络游戏《仙剑奇侠传》先后被改编成电影、电视剧、舞台剧，并被改编为小说，成功实现了故事对文字、声音、影像等媒介之间的自由穿越。这种改编并不限于武侠故事，小兵张嘎这一红色经典形象也实现了文本旅行。张嘎的故事最早见于徐光耀1962年完成的革命小说，先后被改编成连环画、电影，近年来又被改编成电视连续剧与动画电影。

从产品与市场的关系来看，跨媒介叙事是重要的产品生产和营销策略。文化消费是文化生产的实现方式，了解消费者的需求，生产出受市场认同的内容，是文化产品营销要面对的首要问题。日本动漫产业在发展过程中就充分利用了跨媒介叙事。它利用漫画与动画在画面叙事上的相似性，通过漫画出版后的市场反馈来确定动画内容的制作，再通过播出动画来推广漫画。由于动画片大都根据漫画改编，既有现成的故事作为绘制蓝本，又能以故事的吸引力将漫画的读者转化为动画的观众。在这种良性循环中，动漫产业逐步壮大。跨媒介叙事充分利用内容与消费者之间的关系，了解市场需求，减少了生产的盲目性，通过遴选优质内容吸引消费者，形成稳定的消费群体，借助不同媒介对内容的共享，吸引粉丝群体跨媒介流动，进而保证消费的持续性。

3. 技术翻新

研究发现，人类的视网膜含有一亿个神经单元，每秒钟能进行一百亿次运算。"从19世纪直至当下的现代视觉文化的强刺激，一直被用来企图使视觉领域达到饱和，然而却不断遭到失败，因为我们学会了怎样去看，而且能做出更快的反应。"[1] 人类的视觉结构决定了大众对新奇的期待与追求没有止境，这也促使新技术不断被用于文化生产，创造出新的视觉奇观，以满足大众日新月异的视觉期待。因此，对经典文本进行技术上的翻新，就成了虚拟景观生产的重要路径。一个文本之所以会成为经典，在其自身的文化价值之外，还有一个最根本的因素，就是文本的接受与传播。只有通过传播被大众广泛接受和认可的文本，才会成为经典。大众对经典文本已经形成了固定的期待视野，利用新技术对经典进行翻新，实质上是对大众既定的接受模式与期待视野的突破，在新旧版本之间形成鲜明的视觉反差，为接受者带来全新的审美体验。

技术翻新中最常见的就是对二维经典电影文本进行3D翻新。技术进步引领着电影从无声到有声、从黑白到彩色、从二维到3D的发展。在声音与色彩的技术革命之后，电影业最大的技术变化就是3D。从源头上看，利用人类双眼视觉成像原理[2]的3D技术并不是新生事物。二十世纪四十年代，人们便开始尝试在电影制作中进行两个画面立体成像的捕捉；二十世纪五十年代，美国好莱坞推出了立体电影，在当时及其后掀起了3D热。但由于当时制作放映技术不够成熟，技术缺陷造成的头晕目眩等观影不适症状，阻碍了3D电影的发展。随着数字技术的迅猛发展，3D电影技术迅速成熟，制作、放映程序简化，单套数字放映机和服务器即可放映。同时，技术进步也逐渐消除了观影不适感，普通的画面通过特制的眼镜变得立体、丰富、生动、逼真，为观众带来全新的视觉体验。3D电影卷土重来，除了技术的因素，还有电影业自身的原因。近年来，电视、视频网络技术的发展对电影市场构成了强劲的冲击，电影业不

---

[1] [美]尼古拉斯·米尔佐夫：《视觉文化导论》，倪伟译，江苏人民出版社，2006年，第6页。
[2] 由于视角原因，人的左右眼能看到稍微不同的两个影像，眼睛看到的东西反射到大脑里经过处理，感觉像是看到了三维的空间。

得不采取各种手段与这些影像媒体争夺观众。制作商不断尝试新技术来创造新奇的观影感受，超宽银幕、球幕电影、环幕电影、水幕电影、香味电影等各种形态的电影纷纷亮相。种种技术翻新无不以把观众从电视和计算机旁拉回影院为目的，其中又以 3D 电影最为引人注目。

近年来，3D 电影风靡全球，代表性作品如《阿凡达》《泰坦尼克号》《爱丽丝梦游仙境记》《冰河世纪》《地心历险记》等。这些影片中有一部分是对经典电影的 3D 版技术翻新。例如，二十世纪九十年代詹姆斯·卡梅隆执导的《泰坦尼克号》在全球取得超过 18 亿美元的票房，是 1997 年至 2010 年间票房最高的电影，并获得第 70 届奥斯卡金像奖最佳影片、最佳导演奖等 11 项奖。卡梅隆在执导《阿凡达》后，决定用高科技手段重新制作原班人马的《泰坦尼克号》3D 版。2012 年，在泰坦尼克号沉船事件 100 周年之际上映，收获了巨大的成功。

技术进步对电影业的改造也体现在动画领域。与影视作品类似，动画吸引观众的因素主要来自剧情与形式。由于经典的故事已经建构了观众对文本的期待，对这些故事的讲述形式进行技术翻新，以炫目的形式来迎合观众对新奇文本的期待，是动画电影制作的重要手段。这些技术包括动画场景上的改进，从二维到三维，再到真实场景，动画人物与真人混杂，制造出了真幻交融的神奇世界。例如，电脑 CGI 技术被用于动画场景制作后，《忍者神龟》利用了这项技术制作出三维场景。同时，一些备受观众喜爱的动画形象不断运用新技术与制作观念推出系列作品，扩展剧情，吸引观众。例如，《变形金刚》系列以全新的剧情，加入真人表演，实现了动画世界与真人世界的融合。2019 年上映的《阿丽塔：战斗天使》则将实景真人拍摄与数字电影拍摄融合，运用动作捕捉技术，将银幕 CG 角色塑造推向一个新高度，为观众呈现一场视觉盛宴。

（二）实体景观的生产

目前，城市建设与休闲旅游业的迅速发展，对实体景观生产不断提出新要求。实体景观生产不仅仅是建筑、园林、街头小品等形式的建构，这些形式必须与特定的地域空间、文化传承形成互动，才能深化景观的内涵，使其更好地满足不同层次的文化消费需求。景观叙事通过叙事编织，将景观与地域文化联系起来，为景观赋予文化内涵，是实体景观生产中连接自然与文化的中介。

第四章　中国传统文化意象的再生

1. 景观叙事的内涵

（1）叙事空间与实体景观

空间是故事发生的场所，任何叙事必定与特定的空间相关联。这种与故事相关的场所会因故事的讲述而获得意义，因而，以空间形式存在的实体景观与叙事有着天然的联系。中国古典名著《红楼梦》《西厢记》《牡丹亭》的故事都发生于特定的景观空间，雨果的《巴黎圣母院》、三岛由纪夫的《金阁寺》也在叙事与景观之间建立了密切的联系。当代，随着影视业的发展，为虚拟景观制作建造的外景基地，因为剧中的故事成为网红景点，吸引着粉丝游客打卡。例如，古装悬疑剧《长安十二时辰》讲述了唐代上元节前夕，长安城陷入危局，张小敬临危受命，在十二时辰内拯救长安的故事。2022年，以剧中故事为蓝本，同名的中国首个沉浸式唐风市井生活街区在西安市曲江新区落成。长安十二时辰街区依托剧中故事，建构出实体景观，实现了景观与叙事的统一。

（2）景观叙事的概念

马修·波泰格、杰米·普灵顿在《景观叙事：讲故事的设计实践》一书中提出了景观叙事的概念。所谓"景观叙事"，是将景观视为一个空间文本，依托特定的历史事件、社区记忆和神话传说等其他类型的文本为叙事原型，通过命名（naming）、序列（sequencing）、揭示（revealing）、隐藏（conceal）、聚集（gathering）、开启（opening）[1] 等叙事策略，让景观讲述历史、唤醒记忆，以空间的形式实现景观叙事的记忆功能。景观叙事主要强调景观与区域的历史文化记忆之间的联系。作为集体记忆体现的城市概念、唤起回忆的象征物、地方文化记忆中的神话传说、作为土地记忆的装置、公众口头历史中的记忆以及习俗等，都隐含着叙事的概念，都对景观建构具有重要意义。在景观叙事的设计理念中，其他类型的叙事文本是其存在前提，承担着与景观文本相互参照、相互转化甚至唤醒彼此叙事记忆的"互文性"功能。而"记忆"则是景观叙事的核心内容与重要的设计方法。[2] 景观叙事的终极关怀正是以空间范畴中的景观实现时间脉络中的历史记忆，让"空间成为一种时间的标识物，成为

---

[1] Matthew Potteiger, Jamie Purinton. *Landscape narratives: design practices for telling stories*. New York: John Wiley, 1998.

[2] 余红艳：《"白蛇传"传说的景观叙事与语言叙事》，《湖北大学学报（哲学社会科学版）》，2015年第4期。

一种特殊的时间形式"①。在共时的维度上,景观与其他类型的叙事文本相互参照,共同编制出特定空间的文化景观;在历时的维度上,景观是特定故事的发生地,承载着关于特定空间的历史记忆。

2. 景观叙事的结构及其意义生成

(1) 景观叙事的结构

从话语结构上看,景观叙事包括外在的实体存在与内在的意义表达两个层面,二者相互作用,构成立体的景观话语体系。外在的实体景观通过某些景观的基本组成要素(如建筑、小品、水体等)传递特定的意义内涵,实现景观表达。从符号学的视角来看,景观作为一种存在于空间的符号能指,它的存在必定对应着一定的所指。在能指层,是作为实物存在的景观,与其对应的所指是缺席的意义。对于一个景观叙事话语体系而言,叙事策略是联结符号能指与意义所指的纽带。它以特定的叙事逻辑,通过隐喻、典故、反讽、空白等修辞手法,建构景观叙事的话语系统。例如,二十四桥这个地名曾多次出现在晚唐以来的诗词中,但在扬州的具体位置却无法考证。在扬州瘦西湖的景观生产中,这个古诗中的典故被发掘出来,作为一个景观元素,以其所承载的历史文化内涵参与了瘦西湖景观叙事文本的构建。瘦西湖的二十四桥景区以隔水相望的诗碑、吹箫亭以及横跨湖面连接二者的汉白玉拱桥为主体,通过拱桥的物理构造来隐喻二十四桥的典故:桥长24米,宽2.4米,桥面两边栏柱24根,两边台阶各为24层。沿桥而下,两端分别为诗碑与吹箫亭,诗碑上刻着《寄扬州韩绰判官》,吹箫亭前有吹箫台。整个景观以杜牧诗"二十四桥明月夜,玉人何处教吹箫"为叙事依托,将历史记忆融入眼前景观,通过一个二十四桥的典故,唤起众多关于扬州的历史记忆:"淮左名都,竹西佳处""天下三分明月夜,二分无赖是扬州"……引发出游人对扬州的无限想象。

(2) 景观叙事的意义生成

在叙事建构过程中,作为故事构成的事件被置换为以实物形式存在的建筑、小品等景观构成元素。这些元素通过路径、水体等具有引导功能的形式,实现叙事线索对游览线路的干预,以实现景观意义的表达。意义的表达是景观能指与叙事所指相互阐释的过程。例如,中国古典园林的景观空间有着借助匾额楹联来命名景观、记叙事件、抒发情感的传统,这些书法艺术成为解读景观

---

① 龙迪勇:《空间叙事学:叙事学研究的新领域(续)》,《天津师范大学学报(社会科学版)》,2009年第1期。

叙事内涵的重要线索。二十四桥景区的诗碑对整个景观具有意义阐发功能，是对景观内涵的总体性揭示。

西方的园林同样如此。巴黎凡尔赛的迷宫丛林取材于伊索寓言故事。入口处是对立着的伊索和厄洛斯雕塑。厄洛斯在荷马史诗中象征着肉欲，暗示着受厄洛斯引诱误入迷宫的人，能在伊索的指引下走出迷宫。在错综复杂的道路交叉口，有多座寓言故事中的动物雕塑，并配诗作注解，引导游客行走的方向。这种阐释利用景观元素之间潜在的关系，引发观者的联想，建构出叙事的话语意义。

3. 景观叙事的当代意义

作为实体景观生产的景观叙事具有综合性的意义生产功能，它能够对区域文化资源进行系统整合，通过叙事将实物景观、历史传说、经典意象等不同形式的资源联系起来，并赋予意义，以完成多种形式杂糅的文本建构。从文化产业的视角看，这种综合的文本生产是地域文化资源的整合与传统文化资源再生的重要路径，对地域文脉的传承与区域文化资源的开发具有重要意义。

（1）地域精神与文脉传承

景观叙事要建构的是一套以实体景观的形式存在的话语系统。这种系统以特定的地域为依托，因此在景观生产过程中，特定地域的文化精神（文脉）是景观叙事的灵魂，设计师必须提取最能体现地域特色与文化精神的景观元素来建构景观叙事系统，以此来突出地域文化特色，唤醒本地居民的文化记忆，建构他们的身份认同，以实现地域文化的传承。同时，也为外来游客生产出具有足够吸引力的文化景观。

文脉即文化上的传承关系。文脉是地域文化的积淀，它体现于表层的器物文化与深层的观念文化，是地域文化精神的体现。从审美的视角看，文脉则表现为独特的风格。在景观生产过程中，景观叙事主题的确立、景观元素的选取都必须与地域文脉相呼应。同时，特定区域的历史文化氛围及其旅游资源是一个具有地域文化特色的统一整体，景观设计的主题应力求符合地域文化的整体风格。例如，杭州的宋城、无锡的吴文化公园、西安的唐城，这些文化景观的主题确立都充分利用了当地的历史文化资源，体现了地域文化特色。景观元素的选取同样需要考虑地域的文脉，小桥流水、大漠古道分别对应着江南与西域两种文化语境，如果错置就会造成混乱。因此，对于具有地域特色的景观打造，从主题确立到景观元素的选择，都要充分考虑到地域的文脉。例如，北京奥林匹克公园中心区下沉花园的"瓦院"，在主题确立与景观元素的选择上就突出了北京城的文脉。它选取中国建筑中最具民俗特点的青瓦作为景观元素，以反映北京特色的民居——四合院为原型，结合功能需要，通过镂空瓦墙、什锦花窗、迭水屋檐、倒影水池、立瓦铺地等形式，打造出与周围环境相融合的休闲空间。其间点缀着以青瓦为元素制作的水景、景墙、铺装、坐凳等各种景观小品，营造出浓厚的北京民居文化氛围。位于美国新英格兰地区的波士顿是美国的历史文化中心，引发独立战争的波士顿倾茶事件使这座城市对美国文化具有特殊的意义。波士顿的"自由之路"用一条由红砖铺成的道路，将城内的波士顿公园、马萨诸塞议会大厦、国王礼拜堂等历史文化遗迹串联起来。这条由遗迹景观组成的道路以空间的起承转合隐喻美国独立的历史，将旅游设施与历史文化巧妙嫁接，成为景观叙事的经典之作。

景观生产中主题的确立与经典元素的选择，不仅延续了当地的文脉，也为居民建构出舒适的生活、休闲、交流空间，培养他们的审美趣味，深化了他们对城市历史的认知。地域文化中的经典元素具有强大的生命力，它镌刻着特定地域的独特文化印记，凝聚着地域文化精神，经过历史的筛选和沉淀，生成为地域文化符号，犹如瓷器之于景德镇，飞天之于敦煌。城市景观空间整体品质的提升和景观体验的创建正是建立在这些具有地域特色的文化符号上，居民对城市的认同感和归属感也是基于这些符号和元素。因此，景观设计应当立足于特定的地域文化与地理环境，对当地的历史文化传统进行深入发掘，从中提炼、抽象出主题与核心文化元素，设计出具有视觉冲击力的文化景观，为人们提供一个可游、可居、可栖的场所。通过景观空间的塑造，借助经典文化符号营造出地域特色文化氛围，使景观成为历史与记忆的载体，唤起民众的集体记忆，建构主体的地域文化认同，借此实现城市景观的参与交流、审美体悟、历史文化认知功能。因为，对一座城市来说，景观空间作为集体记忆的重要载体，既保存着历史生活场景的印记，也是当下生活的真实写照，还寄托着人们对未来的憧憬。在空间中体验城市的历史、当下和未来，正是构建叙事性景观空间的意义所在。

（2）景观叙事的经济价值

具有地域特色的景观也是吸引游客注意力的焦点，能为地域旅游业的发展带来巨大的经济利益。通常，人们选择旅游是为了逃避现实生活的常态，在这个意义上，旅游是对正常生活的逃离。"旅游起因于普通/日常与特殊之间的二元区分。旅游体验包含某种可以引发愉悦体验的方面或元素，而被引发的愉悦体验较之日常生活显得不同寻常。"① 视觉体验是带给游客愉悦体验的核心内容，这主要是因为视觉是人们感受外界刺激最为方便快捷的方式。"但旅游凝视的潜在目标必须在各方面都有所不同，它们必须不同寻常。人们必须体验到一种独一无二的愉悦，这种愉悦所包含的感觉及其程度，都与他们在日常生活中碰到的不同。然而，要确立普遍与特殊的区分，并维持这种区分，方式是多种多样的。"② 这些方式包括观看独一无二的目标，例如自然景观、地标性建筑、与特殊历史事件相关的场所、特色民俗活动，等等。尽管方式众多，却以"观看"，即"凝视"为核心。因此，生产吸引游客目光的景观成为旅游业发展的主导。将地域文化与独特的地域景观、主体的生活方式通过景观叙事进行组合，生产出体现地域特色的景观，成为发展旅游业的重要路径。

目前，各地在发展旅游业中充分意识到了地域景观的重要意义。例如，西安的大唐芙蓉园、杭州的宋城、开封的清明上河园、北京的奥林匹克公园等，都是文化景观生产的杰作。这些景观集中体现了地域文化特色，成为地域文化资源开发的典范。以西安的大唐芙蓉园为例，该园在唐代芙蓉园遗址的基础上仿唐代皇家园林建造而成，是中国最大的仿唐皇家建筑群，也是第一个全方位展示盛唐风貌的大型皇家园林式文化主题公园。园内建有紫云楼、仕女馆、御宴宫、杏园、芳林苑、凤鸣九天剧院、唐市等，这些都是精选最能体现唐文化特色的元素建成的。园区的核心建筑紫云楼展示了"形神升腾紫云景，天下臣服帝王心"的唐代帝王风范。彩霞亭、陆羽茶社、曲江流饮等都是以历史文化资源为依托打造的特色景观。与这种精工制作的供"凝视"的景观略有不同的是，还有一类没有脱离人们生活的景观。如皖南的传统古村落至今仍是当地人的生活空间，其中完好地保存着当地人的生活习俗。在全球化、工业化迅速发展的当代，这些生活场景对生活于都市的游客便有了"凝视"价值，因而成为热门旅游景点。这些景观空间不仅成为他们回溯个体生活记忆的载体，也成为一个现代生活中的"他者"，因陌生化与距离感而产生审美愉悦。

（三）舞台景观的生产

在虚拟景观与实体景观之间还有舞台景观的生产。舞台艺术是虚拟叙事与现实表演的统一体，它具有影视艺术叙事的虚拟性，其表演的现场性又类似于实体性景观。因此，在舞台景观的生产过程中，在叙事文本的选择上，可以借

---

① ［英］约翰·尤瑞：《游客凝视》，赵玉中等译，广西师范大学出版社，2009年，第18页。
② ［英］约翰·尤瑞：《游客凝视》，赵玉中等译，广西师范大学出版社，2009年，第18页。

鉴影视艺术,对于文学经典通过跨媒介叙事进行舞台改编。在表演空间的选择上,可以借用实体的自然与人文景观,融入演员的表演,以实现二者的统一。

1. 经典重述与再造

(1) 经典重述

在文化产业发展过程中,戏剧、歌舞等舞台艺术是文化演出业的支撑。在演出内容的选择上,传统剧目由于在观众中有着广泛的认知,积淀了深厚的基础,因此是演出业的首选。例如,《红楼梦》《梁山伯与祝英台》都是越剧的经典剧目,这些剧目被重新搬上舞台,以青春靓丽的时尚形式来讲述传统故事,打造出具有时代特色的舞台景观。其中,取材于"梁祝"故事的越剧《梁山伯与祝英台》于1950年代问世,是当时戏曲舞台上一个原创性的标志性剧目,并被拍成我国第一部彩色电影。该剧对音乐、舞剧的创作都产生过重要影响,小提琴协奏曲《梁祝》即源自于此。《梁山伯与祝英台》作为越剧的经典剧目,其剧本、唱腔、表演和舞美设计在传播中逐渐定型,在中国家喻户晓,观众对许多经典唱段耳熟能详。2006年,浙江小百花越剧团推出了越剧《梁山伯与祝英台》的新版本。为让观众重温经典,创作者以"规避颠覆,谨慎重述"为核心理念,以时尚的形式来讲述经典的传统故事,实现了传统与现代的完美对接。新版《梁山伯与祝英台》对传统民间故事的情节进行了系统改编与重组,使其更适合舞台表演,更具观赏性、时代性。新版在原版定情物"雪白蝴蝶玉扇坠"的基础上,将蝴蝶、折扇这两种一虚一实的物象作为核心叙事意象,贯穿故事的情节叙述。从"草桥结拜"二人被飞舞的蝴蝶吸引相识,让蝴蝶作证二人的结拜,到结局的化蝶,生前相识是蝶儿飞引,死后相合是化蝶飞去,蝴蝶成为叙事的线索。与空灵的蝴蝶相呼应的是作为实物道具的折扇。在"十八相送"中,折扇作为赠物,分离时折扇成为书写相思之地,诀别时折扇则承载着爱的誓词,最终二人执扇而逝,化蝶后,折扇也从花丛中升起。全剧的叙事以"雪白蝴蝶玉扇坠"这个定情物为核心,脉络清晰,不枝不蔓。在音乐、演唱、舞蹈方面,新版也进行了开拓性重组。音乐演唱在保留大量原版经典唱段的基础上,将越剧的伴奏与小提琴协奏曲《梁祝》嫁接,同时辅之以"天乃蝶之家"的《蝶颂》,"但为君之故,翩翩舞到今",从序曲到尾声反复吟唱,使全剧情节紧凑、冲突集中,具有浓郁的抒情色彩。舞蹈与舞美以越剧的传统身段姿式为基础,参照现代舞蹈、舞剧思维,塑造舞台形象。舞台景观紧扣"花为蝶之魂"的主题,突出装饰化、空灵感,融音乐、演唱、舞蹈为一体,营造出传统与现代交融的时尚氛围。古老的民间传说经过现代重述,在舞台上被演绎为关于蝴蝶的爱情景观叙事。

（2）经典再造

经典是经过时间淘洗下来的文化积淀，随着社会生活的发展，在不同的时代，必然会有新的经典诞生。唯其如此，人类的文化才能得以延续。在当代的舞台艺术中，除了对传统经典的改编与重述，也有当代创作的新经典。在舞台艺术领域最具代表性的就是敦煌舞台艺术。

敦煌舞是根据敦煌莫高窟壁画上的舞姿创建的。敦煌莫高窟壁画保存了从十六国北朝至元代千余年来不同历史时期的舞蹈样式，汇聚了元以前中国各个历史时期民间、宫廷舞蹈的形式。壁画上千姿百态的天宫伎乐、飞天伎乐，栩栩如生，呼之欲出，这些流动的、飞舞的意象是传统舞姿的凝固，也是当代人了解古代舞蹈艺术的最佳路径。当代以来，随着研究的深入，敦煌壁画的舞蹈艺术价值不断被认识。艺术家对于敦煌壁画舞姿进行了系统的研究，经过长期的观察、临摹，他们不仅掌握了舞姿的形体特征及其独特的S形曲线运动规律，而且运用中国古典舞蹈的节奏韵律，将人物静止的姿态与其动作风格统一，形成了较为完整的舞蹈运动造型体系，打造出反弹琵琶、飞天等经典的舞蹈意象，以展现剧情、塑造人物。敦煌舞姿研究与敦煌舞体系的建构，为敦煌舞台艺术的繁荣奠定了坚实的基础。1970年代末，甘肃省敦煌艺术剧院根据敦煌壁画中的舞蹈形象创作了取材于丝绸之路和莫高窟壁画的大型民族舞剧《丝路花雨》。舞剧以莫高窟112窟的"反弹琵琶"为核心舞蹈意象，以唐代丝绸之路为背景，讲述了画工神笔张父女的悲欢离合及其与波斯商人伊努斯之间的友谊。画工救起被困沙漠的波斯商人，却被抢走了幼女。数年后，画工在敦煌市场找到了沦为歌舞伎的女儿，商人仗义疏财，使父女得以团聚。莫高窟中女儿的舞姿点亮了画工的灵感，"反弹琵琶"由此诞生。其后，女儿再次面临险境，商人出手相救，带她出走波斯。再归来时，父亲已因救商人血染丝路。《丝路花雨》复活了敦煌壁画中的舞蹈形象。《丝路花雨》在全国各地巡演，在中国文艺界刮起一股强劲的敦煌艺术风。舞剧不仅在国内反响强烈，在国际舞台上也深受好评，1994年《丝路花雨》荣获中华民族二十世纪舞蹈经典作品"金像奖"。2004年，《丝路花雨》被上海大世界基尼斯总部认定为"中国舞剧之最"。近年来，甘肃省歌舞剧院重新整合出新版《丝路花雨》在世界各地巡演，以强烈的视觉冲击力和感染力以及精美绝伦的舞台呈现征服了世界各地的观众。

与反弹琵琶并列的飞天意象也是舞台艺术表现的核心。1990年，陈维亚编创的独舞《飞天》在舞台上塑造出鲜活的敦煌飞天形象。2000年，兰州歌舞剧院排演的舞剧《大梦敦煌》在北京首演，在舞蹈、音乐、舞台美术方面都取得了非凡成就，续写了《丝路花雨》曾经的辉煌。该剧继《丝路花雨》之后，再次在舞台叙事中将敦煌壁画与乐舞两种艺术形式有机结合，是当代舞剧艺术观念与中国传统舞蹈、绘画艺术相结合的产物。舞剧在舞蹈、音乐、舞台美术等方面都取得了非凡成就：体现敦煌历史文化深厚底蕴的舞剧音乐，融古典舞、芭蕾舞、现代舞与民间舞为一炉的舞蹈编排，以现代化手段重新诠释敦煌艺术经典元素的舞美装饰……是现代审美观与敦煌艺术结合的典范。2008年，中央电视台在春节联欢晚会上推出了舞蹈《飞天》，舞台上七位演员衣裙飘曳、巾带飞舞，行云流水般的柔媚舞姿伴以大角度的倾倒，将飞翔之美表现得淋漓尽致。《丝路花雨》《大梦敦煌》等取材于敦煌壁画的舞蹈作品，将壁画中具有强烈宗教色彩的形象用以表现世俗的情感，以缜密的叙事打造出精致的舞台景观。这种舞蹈形式建构了敦煌舞的体系，也拓展了中国民族舞剧的创作视野，为其在戏曲舞蹈之外开辟出广阔的发展空间。

经典再造还包括经典的跨界组合衍生，如"舞武融合"的《风中少林》、"以舞绘画"的《只此青绿》，都是以创意再造经典的典范。

2. 旅游演艺与景区演出

旅游景点的实体景观吸引着慕名而来的游客，发掘景观地的地域文化，进行旅游文化产品生产，是丰富游客旅游体验、打造旅游产业链、发展文化旅游的重要举措。其中，随着旅游与休闲产业的发展，迅速崛起的旅游演艺业具有代表性。旅游演艺是针对旅游市场开发的、体现了旅游目的地特色文化的文艺表演形式，它凸显了文化在旅游业发展中的核心竞争力。旅游演艺主要是景区演出。这些依托旅游景区开发的演出，从演出时间上，可以分为日常例行的主题表演、自由的街头表演和特色的节庆表演；从内容上，可以分为民族风情展示型、山水实景演出型、文化遗产演绎型；[1] 从演出场地上，可分为景区剧场演出和以实体景观为场景的现场演出。目前，我国景区剧场演出以宋城集团的"千古情"系列为代表，实体景观演出则以张艺谋的"印象"系列为代表。

（1）景区剧场演出

景区剧场演出通常并不以实体景观取胜，而是面向历史，深入挖掘与景观相生的文化元素，将其以舞台艺术的形式展示出来，辅之以现代声光技术带来的视、听、触、嗅等全方位的刺激，为游客带来全新的体验。景区剧场演出更

---

[1] 李峰、李萌：《旅游策划理论与实务》，北京大学出版社，2013年，第216页。

加全面深入地为游客展示景观地域的历史文化，提升他们对景观的深度了解与认知，是文化旅游的重要组成部分。如杭州宋城集团制作的立体全景式大型歌舞《宋城千古情》，以"良渚之光""宋宫宴舞""金戈铁马""西子传说"和"魅力杭州"五个部分来展示杭州作为宋城的历史文化渊源与当代风采。其底本制作以历史为向度，选取宋都这一特殊地域的岳飞抗金、白蛇许仙、梁祝化蝶等经典历史文化元素进行拼贴串联。演出通过歌舞、杂技、武打、走秀等形式，运用现代高科技手段为游客营造出如梦似幻的视觉奇观。"金戈铁马"采用烟火和低压供电技术，虚化出射向观众席的炮火；"水漫金山"中的水幕喷头让整个舞台如瀑布喷流；"梁祝化蝶"里的激光灯将观众带入了时光隧道……升降舞台、移动观众席、全彩激光灯等科技手段的介入，为观众制造出震撼的视听体验。2012年，宋城集团以吴越文化为核心的又一力作《吴越千古情》在杭州湘湖畔上演，得到了游客的认可。随后，宋城集团又在三亚、丽江、九寨沟、泰山、石林、武夷山等旅游目的地城市打造系列作品，"千古情"已经成为景区剧场演出的经典模式。

近年来，王潮歌的"又见"系列、"只有"系列在景区剧场演出中发展迅速。"又见"系列包括《又见平遥》《又见五台山》《又见敦煌》；"只有"系列包括《只有峨眉山》《只有爱·戏剧幻城》《只有河南·戏剧幻城》。王潮歌的剧场演艺作品立足于特定的地域文化，选取经典的文化意象，通过故事化的内容编织与景观化的舞台呈现，完成旅游演艺产品的打造。其中，代表性作品如拥有21个大小不一的剧场的《只有河南·戏剧幻城》，这种剧城形制打破了单一剧场的限制，通过规模化打造，为旅游演艺开辟了广阔的展示空间。自此，演艺从景区的附属产品跃升为主体，剧场即是景区，景区即是舞台，实现了旅游演艺行业的突破。《只有河南·戏剧幻城》有近千名演员参与演出，总时长近700分钟，剧目包括3大主剧、18个小剧。这些剧作选取作为中华文明源头的农业文化等经典意象，以河南的历史文化名人、重要历史事件为核心，打造出"老家河南"这一传承着华夏文明基因的文化符号，成为众多当代人文化寻根、缅怀历史的情感寄托。

（2）实体景观演出

实体景观演出以地域的特色实体景观为演出场地，其特色在于突出旅游目的地山水自然景观的特色，通过舞台表演的形式将自然景观与人文景观密切融合，生成全新的舞台艺术形式，为游客带来全新的审美体验。其经典形式是张艺谋的"印象"系列。"印象"系列的开篇之作《印象·刘三姐》以阳朔书童山和漓江为背景，打造了世界上最大的山水实景剧场，将漓江的秀美山水与当地的山歌文化、铜鼓文化、壮锦文化相结合，集民间传说、山水实景、现代高科技舞台艺术于一体，为游客带来强烈的视听震撼，给桂林山水注入了人文之魂。人与自然共同登台，在这里创造出一道奇观：四里群峰在绚丽多彩的灯火中演绎辉煌，百只鱼排在夜幕下放歌起舞，山峰隐现、烟雨点缀、竹林轻吟、月光洒落……构成了一幅美轮美奂的艺术画卷，令无数中外游客沉醉其中，流连忘返。这台世界上最大的山水实景演出自公演以来，成为阳朔景区吸引游客的热点。由于光影效果对晚间演出的要求，演出还改变了游客"游在阳朔、住在桂林"的行程模式，为阳朔的餐饮、酒店业带来了巨大收益。《印象·刘三姐》的成功使其成为经典的旅游营销模式，在各景区迅速被复制，先后诞生了《印象·丽江》《印象·西湖》《印象·海南岛》《印象·大红袍》《印象·普陀》等系列产品。

同时，"印象"团队成员梅帅元自立门户开创了实体景观演出的音乐剧创作，接连创作了山东泰山景区的《中华泰山·封禅大典》、河南嵩山景区的《禅宗少林·音乐大典》、内蒙古呼伦贝尔景区的《天骄·成吉思汗》、江西井冈山景区的《印象·井冈山》、湖南张家界景区的《天门狐仙——新刘海砍樵》等实景音乐剧。其中，2009年上演的《天门狐仙——新刘海砍樵》是目前世界上第一台以高山奇峰为舞台背景，以山涧峡谷为表演舞台，有完整故事情节的山水实景音乐剧。从实景演出的内容上来看，张艺谋的"印象"系列侧重于歌舞表演与大场面调度，突出了视觉景观的感染力；梅帅元团队的音乐剧表现形式更注重故事性。这种按照"实体景观＋地域文化＋品牌团队＋原生态演员"模式打造的舞台景观，增加了旅游消费的文化含量，提升了景区的吸引力。

此外，在一些有着独特历史文化资源的景区，依托历史文化遗产进行的旅游演艺开发也是重要的旅游项目。例如，陕西西安的华清池因唐明皇与杨贵妃的爱情故事而名留青史，华清池成为大型山水情景舞剧《长恨歌》上演的舞台。《长恨歌》立足唐代华清宫遗址，选取李杨爱情中的帝妃巡游、奉诏温泉宫、贵妃出浴、贵妃醉酒、七夕盟誓、千里单骑送荔枝、马嵬兵变等经典事件，运用高科技手段进行舞台表现。该剧使历史与现实、自然与文化、人间与仙界、传统与时尚有机融合，营造出万星闪烁的梦幻天空、滚滚而下的森林雾瀑、熊熊燃烧的湖面火海等极具震撼力的视觉奇观，古老的爱情故事通过现代科技手段的包装焕发出独特的魅力。

作为旅游演艺业的重要支撑，景区演出目前在各旅游景区都是不可或缺的项目。各旅游目的地都致力于旅游文化资源的发掘，打造地域文化特色，通过文化创意，创新原有旅游景点的消费和体验内容，提升旅游目的地的吸引力。旅游演艺这种极具体验性与创新性的形式，在文化旅游发展中占据重要位置。

四、景观化与故事化的冲突

故事化与景观化是传统文化意象参与当代文化产业生产的重要路径。从理论上看，故事化是故事的底本制作，景观化是以景观为媒介对故事的呈现，二者相互协作、密切配合，共同致力于交流目的的实现。在符号学的意义上，作为符号的文化产品，其能指层对应着诉诸视觉的景观，所指层对应着符号的意义，即故事。景观与故事是组成符号的不可分割的一体两面。然而，在当代文化产业的生产实践中，二者却存在着激烈的冲突。这种冲突主要表现为以技术进步为支撑的景观呈现不断侵占故事的空间，在交流活动中，故事被景观遮蔽、排挤、驱逐，渐渐被边缘化，景观沦为空洞的能指。

在消费社会，景观成为联结生产与消费、人与人之间关系的中介。通过影视、广告、网络等现代传播媒介的展示，产品与消费者建立了联系，引导消费的时尚、潮流也通过这些媒介得以形成。因此，景观可以说是消费社会社会关系的基础，生活世界的景观化是消费社会的产物。在一个以景观为基础的社会，景观化也是文化产品生产的重要标准与路径。景观化成为虚拟艺术、实体艺术生产的总体性追求，这也不可避免地排挤了文化产品的意义，导致景观化与故事化的冲突。造成这种冲突的原因可以从主客体两个方面进行分析：人类的观看欲望是主体心理方面的因素，科技的进步对人类观看方式的改变以及后现代社会的图像化、碎片化是客体环境方面的原因。较之于其他新兴的文化产品，电影的历史最为悠久，在电影生产领域这种冲突最为明显：在电影类型上表现为奇观电影对叙事电影的取代，在观众接受上表现为"看明星"对"看故事"的替代。下文将以电影这一经典形式为例进行分析。

（一）奇观对于故事的驱逐

英文中的景观、奇观都称为spectacle，该词出自拉丁文spectate和specere，意思是观看、被看，对应着汉语的"观"。现代汉语中的"奇观"突出了景观新异的视觉特征，通常指非同寻常的、具有强烈视觉吸引力的景观。在新技术不断用于影像制作的时代，"奇观"则更多地指借助各种高科技手段创造出来的奇幻影像和画面。

1970年代中期以来，经济的发展对文化消费品不断提出新的要求，科技进步推动的多媒体与数字技术的发展为文化产品的技术生产提供了有力保障。

在经济与技术的共同作用下，奇观电影应运而生，成为电影界的新宠。奇观电影起源于1960代末，在二十世纪八九十年代得到强化，在世纪之交蔚然成风。奇观电影首先在西方引发了电影界的技术革命，好莱坞商业电影引领了奇观电影的潮流。在高科技的引导下，好莱坞制造出以科幻片、灾难片为代表的奇观电影，结束了好莱坞的衰退期，开启了高投资、高技术的奇观电影时代的新纪元。在以新好莱坞为代表的全球化景观电影创作时期，依靠数字高新技术打造的景观电影以恢宏的场面、绚丽的特效画面创造出崭新的影像奇观。如二十世纪的《星球大战》(1977)、《夺宝奇兵》(1981)、《侏罗纪公园》(1993)、《生死时速》(1994)、《泰坦尼克号》(1997)、《刀锋战士》(1998)、《黑客帝国》(1999)，二十一世纪的《人工智能》(2001)、《指环王》(2001—2003)、《变形金刚》(2007)、《阿凡达》(2009)、《蓝精灵》(2011)、《猩球崛起》(2011)、《泰坦尼克号》(2012)、《阿凡达：水之道》(2022)。这些不同类型的影片以奇观化的动作、身体、速度、场景充斥着银幕，凭借其强烈的视觉冲击力受到了观众的追捧。在国内，2002年的电影《英雄》以其对具有强烈视觉冲击力的场景画面、武打动作、色彩等元素的追求，在视觉文化转向的大潮中，拉开了中国电影从叙事向奇观转型的序幕。一时间，对景观化的追求使奇观电影的生产蔚然成风。《十面埋伏》《无极》《满城尽带黄金甲》《夜宴》等，无不以独特的景观作为票房的支撑，为观众打造了一场场视觉盛宴。这些奇观电影借助奇观影像叙事取得了传统影片无法企及的轰动效应和市场价值，于是，奇观化成为一种风潮，迅速波及各种题材的电影制作。

与传统叙事电影相比较，奇观电影不再致力于情节结构的精心组织，追求叙事的完整性，而是以奇观的震撼展示为核心，将奇观作为支配叙事的重要构件，以一个个动作奇观、身体奇观、速度奇观、场面奇观、明星奇观、写实奇观的串联构成情节。这种视觉奇观的生产主要通过镜头的组合来实现，连接镜头画面的不是内在的叙事逻辑，而是表层图像画面直接拼接产生的视觉快感。奇观电影以制造视觉快感为目的的奇观蒙太奇，取代了叙事电影追求完整线性结构的叙事蒙太奇。奇观蒙太奇不拘泥于叙事的理性原则及其意义生成功能，而是直接服务于视觉快感的生产。为了奇观效果，甚至可以不顾情节发展，打断叙事结构，以凸显奇观的视觉性。奇观电影这种以视觉体验为核心的结构模式，必然造成对电影叙事的解构。其中的电影叙事逐渐丧失了独立性和主导性，沦为奇观的附庸。"奇观（'视觉快感'）不仅仅成为叙事（'诗歌艺术'），它超越了以叙事为基础的概念模式，同时这种'超越'威胁着完整封闭的叙事系统。奇观，通过积极地打断叙事的愈合，威胁着叙事体统的稳定性。"① 于是，人们在享受视觉震撼的同时，对照二十世纪八十年代的中国电影，常常心生疑惑：为什么现在的导演越来越不会讲故事了？答案就在于电影叙事能力的缺失，而这也成为困扰中国电影发展的主要因素。"尽管奇观电影正在取代叙事电影成为电影的主导形态，但是电影叙事能力的滑坡成为电影文化品格缺失的客观因素——中国电影在模仿和借鉴好莱坞电影形态建设的过程中，因为淡化了编剧的叙事功能、放松了叙事结构的建设，电影文本的叙事意义被稀释，电影的内涵在降低，叙事符号植入的缺失、叙事逻辑的建设以及电影叙事语言（主要是蒙太奇叙事语言运用能力）的缺失，成为电影生产质量难以提高的三道咒符。"②

（二）明星对于叙事的遮蔽

与奇观对于故事的驱逐并行的是明星效应对故事的弱化。从广义上看，明星是奇观的一种，将电影表现的焦点置于明星，同样会造成对叙事的弱化。明星制度产生于好莱坞，是影像生产商业化运作的结果。在大众传媒兴盛的网络时代，明星的魅力通过媒体被放大，在快速的传播中无限膨胀，每个明星都拥有庞大的粉丝团。粉丝团甚至成为人们建构个体身份认同的依据，形成了多彩的明星亚文化。明星效应在网络时代得到了空前的强化，以至于人们走进影院往往并不是为了看影片中讲述的故事，而仅仅是为了看自己喜爱的明星。

关于明星制度，贝拉·巴拉兹从个体内在的生理需求、外在的社会环境以及艺术发展的角度进行过分析。他认为人们喜欢美好的东西是一种生理学的而不是美学的要求，人类的形体美因媒介的发展在人类审美文化的变迁中经历了从失宠到受宠的变化，而电影正是为人们重新将人体作为审美对象提供了绝佳的条件。"由于印刷技术的发明（据记载在更早之前印刷术就已发明）而来到的崇尚概念的文化的年代里，代表人类精神和伦理价值的可见形象就失去了它的重要地位。美不再是广大群众的一种梦想和体验。随着电影的诞生而得到复兴的视觉文化使形体美重又成为群众的一种重要的体验。"③ 电影的视觉呈现特性让人类重回了对自身形象的认知，恢复了因文字而失落的对于美的形象的追求。

---

① ［美］斯科特·布卡特曼：《奇观、吸引力和视觉快感》，黄石译，《电影艺术》，2011年第5期。
② 陈志生：《电影诗意语言类型的研究》，中国电影出版社，2012年，第201页。
③ ［匈］贝拉·巴拉兹：《电影美学》，何力译，中国电影出版社，1986年，第267~268页。

劳拉·穆尔维从心理学与女性主义的视角分析了明星制度存在的意义。穆尔维认为，电影能够为观众带来凝视的快感，通过对明星的凝视，他们既获得了窥视癖带来的快感，也在这个过程中通过外部世界的投射来建构自我认同。观众在观影过程中能够从电影这个虚幻的逼真世界中产生自恋式认同并获得心理满足。"电影对魅力的构成强大到足以造成自我的暂时丧失，而同时又强化了自我。自我最终感知到那种忘记了世界的感觉（我忘记我是谁，我在哪里），是影像识别的前主观时刻的怀旧的回想。同时，电影在创造自我理想方面的特点特别表现在它的明星制度之中，当明星施行相似与差异的复杂程序时（娇艳的人体现了普通人），他们既是银幕现场的中心，又是银幕故事的中心。"[1] 明星是自我的投射，是理想化自我的隐秘存在，通过对明星的热爱与追捧，观者会获得一种替代性的满足感。电影中的女性形象尤其能够为观众带来视觉快感，因为电影以其独特的编码方式和在控制时间、空间维度上强大的编码能力，"运用社会广泛流行的、带有性别歧视的观点塑造着女性形象，并对她们进行色情化和奇观化的阐释"[2]。因此，电影是对女性身体进行奇观化展示的最佳途径，银幕上的大量女性明星为观众建构出一个性欲望的幻觉世界，从而最大限度地满足他们的视觉欲望。

明星崇拜在网络时代的膨胀正在悄然瓦解电影叙事的根基，威胁着电影这种叙事艺术的发展。视觉文化在不断地创造虚拟景观世界的同时，也削弱了人们对叙事的依赖，对明星的追逐取代了对故事的期待。目前中国电影普遍存在强化明星、弱化故事的倾向，在关于历史的叙述中尤为突出，即使是巨额投资的大片也不例外。从《十面埋伏》到《夜宴》《无极》《满城尽带黄金甲》《长城》，明星大腕领衔主演，但历史背景渐趋虚化。

（三）数码时代的叙事危机

毋庸置疑，随着社会的发展与技术的不断进步，人类从日常生活习惯、审美趣味到思维方式都在发生着潜在的变化。进入信息社会，以互联网为基础的人际交往模式与建基于数字技术的技术化生存，使人类的社会生活发生了天翻地覆的变化。景观"越轨"驱逐叙事的直接原因是技术发展。从主体心理与客体世界这两个视角来看，数码时代的叙事危机具有一定的必然性。

---

[1] ［美］劳拉·穆尔维：《视觉快感和叙事性电影》，周传基译//李恒基、杨远婴：《外国电影理论文选》，生活·读书·新知三联书店，2006年，第642页。

[2] Laura Mulvey. *Visual and other pleasure*. London：The Macmillan Press LTD，1989，p. 14.

第四章　中国传统文化意象的再生

从主体心理的视角来看，景观与叙事的冲突源自主体对于"看"的热衷。弗洛伊德、雅克·拉康通过对儿童心理与行为的研究，提出了窥视癖和镜像阶段的概念，将"看"的快感视为人的一种生理本能。弗洛伊德认为窥视癖是性本能的主要成分，"视觉印象是挑惹力比多兴奋的最常见方式。……文明渐渐使躯体被遮掩起来，然而性的好奇却从未停歇，这种好奇只有通过窥到性对象的隐蔽部分才能满足"①。如果这种好奇能从性器官转向身体的全部，就能变成艺术的升华。在弗洛伊德窥视癖理论的基础上，拉康提出的镜像阶段理论认为，镜像阶段是人类生存史上的第一个转折点，对自我意识的形成具有重要意义。婴儿在镜子中看到了自己、周围环境及他人的影像，并且逐渐把自己和他人进行区分，将镜子中的影像与自己统一起来，形成关于自我的意识。弗洛伊德的窥视癖理论和拉康的镜像阶段理论都表明：窥视是主体成长过程中不可或缺的一种心理现象，"看"对于人类心理的发展与自我意识的建构具有重要的意义。正因为如此，视觉刺激对人类从来都具有不可阻挡的吸引力。"眼见为实"，人类在潜意识中对自己的视觉深信不疑。这也为制造视觉影像的电影提供了广阔的生存发展空间。电影以其得天独厚的优势最大限度地满足了人类的窥视癖。黑暗的影院使观看更具隐蔽性，独特的视角使时间与空间得以全方位地展示。"电影的编码利用作为控制时间维度的电影（剪辑、叙事）和作为控制空间维度的电影（距离的变化、剪辑）之间的张力，创造了一种目光、一个世界和一个对象，因而制造了一个按欲望剪裁的幻觉。"② 这种为人类量身定做的景观成为他们无法摆脱的精神鸦片。因此，无论社会如何发展，人类对"看"的热衷一如既往。

从客体环境来看，后现代解构主义思潮的泛滥，使整个社会文化变得碎片化、平面化。社会的碎片化使一个个小团体成为人们身份认同的归依。于是，深度的宏大叙事不再是这个时代的主流，代之而起的是"小时代"的"小叙事"，局域的、地方的视角，关注小团体的圈子文化兴盛。这一变化在一定程度上根源于技术进步。技术创新与进步不断改变着人们的生活方式与认知能力，这种创新在文化生产领域的应用，全方位改变了文化产品的生产。

以电影业为例，电影发展从默片到有声片，直至当代数字电影，电影表现方式的进步从根本上改变了电影的叙事方式、明星的生产方式和观众的接受方

---

① [奥] 弗洛伊德：《弗洛伊德文集（卷二）》，车文博，长春出版社，1998年，第526页。
② [英] 劳拉·穆尔维：《视觉快感和叙事性电影》，周传基译//李恒基、杨远婴：《外国电影理论文选》，生活·读书·新知三联书店，2006年，第652页。

式。例如，罗兰·巴特曾经讨论嘉宝的脸和赫本的脸，"嘉宝的奇特是观念的秩序，奥黛丽·赫本的则是实体的秩序。嘉宝的脸是一种理念，赫本的脸则是一种事件"[1]。从技术的角度来看，默片使嘉宝成为理念，有声片让赫本成为事件。目前的数码技术正在深刻改变着电影的生产形态，它不仅改变了影片的呈现与传播，也改变着明星的生产与观众的接受，"从电影视觉范式的历史演变看，视觉适应速度的能力和画面激发快感的直接，加剧了景观电影的吸引力，并推动了日新月异的技术研发，毕竟相对于动作和身体的奇观，速度和场面的奇观更仰赖于技术进步"[2]。从艺术生产的角度看，在艺术家、制作技术、接受者等因素之间的相互制约、相互作用中，一种适合的生产/接受方式才得以达成。在更广泛的意义上，数字技术时代人们接受知识、读取意义的方式也发生了潜在的变化。在前信息时代的现代社会，人类要获取意义，必须经过由表及里、由浅入深的过程。东浩纪将这种意义读取模式称为"树状图模式"。到了后现代，这种模式则转化为数据库模式，"相对于现代世界的树状图型，后现代的世界则是资料库的形式，前者的深层存在着大叙事，后者的深层则没有"[3]。数据库的表层是一个个分散的小故事，它们只是组成庞大数据库的单体，并不具有深层的意义，或者说深层并不提供有意义的大叙事。其中的知识仅以数据的形式出现，知识之间没有联系。"现代是一个由大叙事所支配的时代。但是之于后现代，大叙事已经破绽百出，以至于社会的整合性急速衰退。"[4] 后现代的人类则成了以"数据库思维"为意义读取模式的"数据库动物"，沦落为后现代式的无深度的主体。他们拒绝统一的有连贯意义的叙事，热衷于能够带来视觉震撼的画面。于是，叙事让位于景观，故事让位于角色、明星，这就成为时代发展的大势所趋。

五、景观化与故事化的和解

（一）景观的叙事功能

从主体心理与客观环境这两个方面来看，叙事在当代正面临着衰落。东浩

---

[1] [法]罗兰·巴特：《神话：大众文化诠释》，许蔷蔷等译，上海人民出版社，1999年，第63页。
[2] 许婧：《中国电视艺术史》，文化艺术出版社，2013年，第372页。
[3] [日]东浩纪：《动物化的后现代：御宅族如何影响日本社会》，褚炫初译，大鸿艺术股份有限公司，2012年，第56~57页。
[4] [日]东浩纪：《动物化的后现代：御宅族如何影响日本社会》，褚炫初译，大鸿艺术股份有限公司，2012年，第48页。

纪将远离叙事的后现代称为"动物化的后现代",其原因在于后现代的人与动物一样,只剩下了与生理刺激相关的欲求。这显然违背了人的本质,是技术对人的异化。因此,"一旦'后蒙太奇'时期的数码技术'迷恋'或者'发烧'消退,表演美学或许可能从极度炫技转化为静然语言,从技术语汇转化为美学肌体,从前卫姿态转化为传统形态,从平面态度到深度模式"①。

事实上,叙事和奇观在电影中并不是完全对立的。安德烈·戈德罗和弗朗索瓦·诺斯特在专门论述电影叙事的著作中探讨了画面的叙事功能,他们引述电影理论家克里斯蒂安·麦茨的论述指出:任何画面都具有叙事的功能,或者说"任何画面都至少包含了一句陈述:'一座房屋的画面不是表示房屋',而是表示'这里是一座房屋'"②。二者的一致性在一些成功的影片中得到了完美的表现,如斯皮尔伯格的《拯救大兵瑞恩》中,触目惊心的战争景象、血腥残酷的感官刺激,被成功地转换为激战时面对横飞肢体的惊恐、对人性关怀的渴望以及对严酷战争的拒斥。这部电影制造了一场庄严神圣的视听奇观,也是一个惊心动魄的二战故事。"影片中的奇观非但没有冻结和解构观众的深层关怀,这些奇观本身就是引人深思和讲述二战的叙述部分;叙事性没有随着奇观效果而消失,也没有被奇观功能所取代。因此,奇观和叙事的关系,既不矛盾也不对立,更不是历时性的先后取代关系,而是同时的、共存并融的。观众喜欢奇观,但永远也不会因此而厌烦故事。"③ 人是文化的动物,而文化就是为存在赋予意义的过程。因此,意义对人类的生存不可或缺,叙事是意义生产的重要路径。只有通过叙事,人类才能反思过去,认知当下,梦想未来。在这个意义上,尽管叙事在某些领域遭遇困境,但它不会消亡。在具体的实践中,叙事依然在顽强地生长,并焕发出蓬勃的生命力。在实体景观生产领域,景观叙事正在成为一种重要的设计思路与设计理念,受到中外设计师的关注。即使在景观生产一统天下的电影业,众多制作者也在竭力探索将景观与叙事完美融合的路径。

从时空的二维角度看,叙事对于事件的编织存在于时间序列,而景观无论是虚拟还是实体,都以空间的形式存在。二者共同建构了人类的思维与认知系统。这种功能上的一体性使叙事与景观的结合不仅可能,而且非常必要。从符号的结构层面看,没有能指的所指与没有所指的能指同样都是违背符号表意规

---

① 厉震林:《新世纪奇观电影的仪式化表演论纲》,《当代电影》,2014年第2期。
② [加]安德烈·戈德罗、[法]弗朗索瓦·诺斯特:《什么是电影叙事学》,刘云舟译,商务印书馆,2005年,第25页。
③ 曲春景:《"奇观电影的叙事问题"笔谈主持人语》,《社会科学》,2007年第8期。

则的。

(二) 景观与叙事的融合

在景观与叙事融合路径的探索中，传统文化意象扮演着重要角色。传统文化对于接受者期待视野的塑造、文化意象对于文化的提喻功能、文化意象的整体性以及意象的叙事功能，都体现了文化意象在意义生产方面的优越性。因此，传统文化意象参与当代景观生产，能够有效化解景观与叙事的冲突，打造出景观与叙事和谐共生的文化产品。

1. 景观对叙事的整合

从源头上看，意象这个概念与叙事有着天然的联系，《周易》中的卦象，都是指事，再由事推衍出意，以预测吉凶。象对于言、意、道的贯通，使其在表意上具有简洁、空灵、蕴藉的特征。将具有丰富内涵的意象用于景观的建构，能够拓展景观的深度与景观叙事的表意功能。

传统文化意象在电影叙事中的广泛运用，取得了良好的视觉效果。其中最具经典意义的就是利用中国传统武侠意象生产的武侠片。武侠文化在中国源远流长，武侠片从传统文化资源中发掘叙事元素，予以民族化的表现，得到了观众的高度认同。武侠电影伴随着中国电影的诞生与发展，成为中国最成功的类型片，在世界电影史上占有重要的地位。中国武侠电影的发展大致经历了民国武侠电影、香港武侠电影的黄金时代、香港武侠新浪潮、武侠电影的国际化四个阶段。[①] 民国年间的武侠影片，在电影的题材、结构、语言、技术等方面都进行了开拓性的探索，体现了商业化、电影化与民族化的结合。二十世纪五十年代武侠电影在香港复兴，至二十世纪八十年代，形成了具有中华民族特色的电影类型。

武侠电影的成功得益于对叙事性与表演性的巧妙整合。中国武侠电影是一种以武侠文学为原型，融舞蹈化的中国武术技击（表演）与戏剧化的叙事情节为一体的类型影片。武侠，顾名思义是武与侠的一体化，"侠以武犯禁"，"武"是侠客行走江湖的立身之本。反过来，正是因为有了这样的本领，"侠"才能够"犯禁"，冲破正常的社会秩序，追求个人的信仰与自由。侠的"犯禁"因此构成了武侠片的叙事原型。同时，"武"在中国文化中是一种极具表演性与观赏性的技艺，"比武""打擂"成为中国民间与江湖上解决纷争的一种经典仪

---

① 李玉萍：《新派武侠小说研究》，地质出版社，2005年，第171页。

式化活动。从源头上看,"侠"的"犯禁"与"武"的表演使武侠故事天然具备叙事与观赏的双重功能,成为电影创作的最佳文化元素,这也为武侠电影成为类型影片奠定了坚实的基础。武侠片通常由"侠的故事"与"武的表演"两个部分构成,二者相互依存。其中"侠的故事"以其对江湖纷争、侠骨柔情的演绎成为吸引观众的内在叙事力量,贯穿其中的具有深厚传统文化底蕴的"侠"意识是武侠电影的灵魂。武侠片的观赏性主要来自"武的表演",即讲究章法、注重门派的中国武术。"从动作设计上讲,武侠电影实际上是为中国武术搭建的一座展示其独特魅力的艺术舞台。在中国传统的武侠电影中,由于严格地遵循着'太阳时'式的、线性的剧作传统,讲究启、承、转、合的戏剧化模式,注重的是在保持完整的线性叙事的基础上,把不同的武打样式、武术流派穿插在故事情节之中,利用武打动作来展示剧中人物的性格特征和道德归属,并使观众能够欣赏到武侠电影独特的动作神韵。"[1] 同时,武侠片中的表演又与中国传统戏曲有着密切的联系,"中国许多武侠影片的空间形态都脱胎于京剧舞台。为此,中国武侠影片更注重在有限的空间内制造出奇异精彩的视觉效果。由于单一的武术表演并不能满足电影观众所特有的观赏需求,所以,武侠电影中的武术技击,从来都不是以单纯地展现武术技艺为最终目的,它必须将武术技击与剧情、人物、主题'镶嵌'在一起,进而在银幕上演变成一场时而激烈、时而飘逸的武术之舞:长拳的疾速舒展,南拳的刚劲猛烈,太极的柔韧轻灵……所有这些风格各异的武舞表演,共同构成了中国武侠电影多姿多彩的整体面貌。武术与舞蹈在武侠电影中的有机结合,使我们在影片中观看武打动作的同时,就仿佛是在欣赏一场优美的武舞表演"[2]。当代技术的进步为武打景观的展示提供了得天独厚的优势,不断创新的特技用于武打动作的设置与拍摄,通过特技与电影镜头最大限度地发掘了武打的魅力,使武侠片对"武"的表演与展示更具观赏性。精彩的打斗、令人心向往之的神奇武功成为武侠片不可或缺的特质,也是武侠片娱乐性的主要载体。

得益于内在的结构优势,武侠片这种独特的电影形式生生不息,收获了大量的经典之作。二十世纪八十年代以来,中国武侠电影在众多影片类型中独树一帜,并取得了巨大的成功。中国武侠电影《卧虎藏龙》将"侠的故事"与"武的表演"置于中国传统文化元素营造的充满东方式神秘的文化空间,凸显

---

[1] 贾磊磊:《武舞神话:中国武侠电影的叙事策略——〈中国武侠电影史〉前言》//丁亚平:《电影史学的建构与现代化:李少白与影视所的中国电影史研究》,中国电影出版社,2012年,第293页。
[2] 贾磊磊:《武舞神话:中国武侠电影的叙事策略——〈中国武侠电影史〉前言》//丁亚平:《电影史学的建构与现代化:李少白与影视所的中国电影史研究》,中国电影出版社,2012年,第292页。

了武侠电影的国际影响力，加速了中国电影的国际化。影片荣获第73届奥斯卡最佳外语片等四项大奖，成为华语电影历史上第一部荣获奥斯卡金像奖最佳外语片的影片。《卧虎藏龙》根据民国武侠作家王度庐的小说改编，"悲剧侠情派"的王度庐将武侠与言情相结合，开创了侠骨柔情的先河，这为电影叙事奠定了基础。影片用电影语言讲述了两对情侣的江湖恩怨故事，表现主人公在情感与理智之间的内心挣扎。与叙事相关联的是影片中极具观赏性的"武的表演"。在武打设计方面，节奏利落紧凑，呈现出舞蹈般的美感。在轻功部分，突破了传统武侠片的表现方式，达到了武侠小说中"飞檐走壁""凌波微步""旱地拔葱"的境界。其中极具观赏性的身体奇观表演，如"竹林对决"等已经成为经典的表演语汇。同时，影片还以中国传统文化符号来编织故事的背景，每一个镜头都试图展示中国特色的自然风物、建筑家居、民俗礼仪、书法绘画、武功兵器等。贯穿影片文本空间的是东方文化对模糊的审美意象与空灵的审美意蕴的追求：蜻蜓点水的摇曳多情、弯弓射雕的意蕴情致，有无之间，暗香浮动。浮现在影像世界中的符号与感觉相互交织，为影片的叙事、景观营构出独特的东方文化语境。《卧虎藏龙》走红世界影坛，使国内的导演深受启发，带动了国内武侠电影的制作。武侠电影迅速升温，张艺谋、陈凯歌、冯小刚等紧随其后，纷纷打造各自的武侠大片，一批类似的影片出炉。《英雄》《十面埋伏》《无极》《夜宴》等华语大片不仅刺激了中国电影市场，也开启了国内以武侠电影为主导的大制作景观电影时代。

2. 叙事对景观的支撑

武侠意象对叙事与景观的巧妙融合使武侠电影成为中国电影的经典形式，推动了景观电影的发展，开创了中国电影的大制作时代。张艺谋的《英雄》是国内景观电影的开山之作，也是在电影全球化和商业化的背景下，中国电影实现自身艺术转型的一个重要标志。《英雄》的故事选自历史上的"荆轲刺秦"，其中"武的表演"场面宏大，画面精美，武打设计挥洒写意，结合围棋、书法、剑、古琴、弓箭、楼宇建筑等中国文化符号以及九寨沟等自然山水景观，打造了一道集传统与现代为一体的视觉奇观。《英雄》的成功不仅仅在于它创造了国产电影的全球票房神话，而且被认为是中国电影"大片时代"的里程碑，对中国电影产业的发展起到了重要的推动作用。它"不论在武侠片的类型重构、武与侠的意境营造、打斗场面的奇思妙想上，抑或再加上在众多国际级明星荟萃的一流组合上，无不别具特色地呈现出一种富于历史悲怆意味的东方武侠传奇的神韵，特别是影片中以画面、色彩、造型的巨大冲击力而称奇的若干武打场面","无不将武侠动作场面提升到了超写实的、奇观化的审美境界,堪称是'武之舞'的精彩段落","《英雄》的贡献在于,抓住电影市场化、产业化的焦点而做了一篇大文章,亮出了一副唯我独有而凸显着中国武侠传奇的'东方牌'"。[①]

然而,这种"东方牌"并不能归功于《英雄》对东方景观的展示,更深层地还在于这个东方奇观所依托的东方故事。其后纷沓而至的一部部大片,虽然用心良苦,都未能实现对《英雄》的超越,在很大程度上也归咎于其中的故事。《英雄》中的"荆轲刺秦"故事,在周晓文的《秦颂》(1996)、陈凯歌的《荆轲刺秦王》(1998)中,都曾经进行过讲述。《英雄》对故事的改写,颠覆了传统的历史观,影片因其情节、主题、人物偏离了历史与传统电影叙事而备受争议。它改变了历史故事中单一价值指向的叙事策略,消解了故事的启蒙意义,以权力为核心,使巩固与挑战的对立双方在故事中并行,用各种电影手段在道德上求得双方的平衡,使对立的双方都有别于传统观念中的英雄,因此在历史观上与传统产生了重大分歧,引发了激烈的争论。尽管如此,可以说《英雄》的成功在很大程度上仍归功于其叙事文本的选择。传统的"荆轲刺秦"故事为影片的叙事奠定了坚实的根基,立足于这个传统故事,影片才能在景观表现上大显身手,展示中国武术的魅力。从棋艺馆、藏书阁、秦王宫、秦军大营到胡杨林、九寨沟、大漠荒野,历史故事的文化根基给了制作者进一步创作的空间,使其对武打景观的展示游刃有余。正是人们对"荆轲刺秦"故事的认知,与《英雄》中的阐释构成了强烈的张力,随着故事叙事的展开,炫目的景观与全新的叙事不断挑战观众的期待视野。影片不仅在视觉上为观众打造了一道大餐,而且也使他们在欣赏过程中因期待遇挫,获得全新的审美感受。对于经典历史故事的认知为观众提供了一个先在的框架,即"前理解",这个框架是接受者认知的起点与欣赏的参照,为他们在欣赏过程中设置了情感与想象的边界。这种以经典历史故事为题材的电影叙事及其植根于历史文化又对其进行颠覆与改写的文本生产策略,使《英雄》较之其后的《十面埋伏》《无极》《夜宴》《满城尽带黄金甲》等景观大片在选材上显示出强大的优越性,成为无可超越的范本。

《十面埋伏》《无极》《夜宴》《满城尽带黄金甲》等景观大片以景观为看点,在景观打造上不可谓不精美炫目,却没有得到观众的较高认可,这在很大程度上是因为影片的叙事出现了问题。《十面埋伏》(2004)将叙事背景定格于

---

① 黄式宪:《〈英雄〉的市场凯旋及其文化悖论》,《当代电影》,2003年第2期。

晚唐，讲述两个捕快与一个歌妓的爱情故事，其中的叙事显示出强烈的架空历史倾向。这种倾向在《无极》（2005）中被发挥到了极致。没有故事背景的《无极》用一个关于命运的寓言讲述爱情故事。这种对背景的抽离使其成为没有历史向度与时空感的符号游戏：一个穷孩子受命运女神眷顾，成为世上最美的倾城王妃，但因命运的诅咒永远得不到真爱。真心爱她的奴隶以生命为代价，让她获得重新选择的权利。于是在北公爵无欢、大将军光明、奴隶昆仑之间展开了一场惊天动地的爱情角力。故事对历史语境的架空使其成为一个飘浮的能指，随时在寻找着意义所指。"陈凯歌走《英雄》和《十面埋伏》的路子，故事更加'架空'，它将感情变成了一种极端乌有的梦幻般的东西，再加上奇幻的想象力，让故事变成脱离现实世界任何羁绊的空中的自由之物。这种'架空性'的强烈游戏性会让我们感到一种和过去中国电影传统的超越和背离。"[①]这种对具体历史语境的超越使叙事变得轻盈通透，带给接受者的全新体验是梦幻般的虚无，引发了他们为叙事赋予语境的冲动。这部被誉为东方奇幻史诗的电影因其对历史语境的背离而宣告失败，这也从一个侧面反映出电影叙事对历史语境的强烈依附性。

这种背景虚无化的倾向在后来的景观电影中得到了有效的控制。2006年上映的《夜宴》与《满城尽带黄金甲》都将叙事置于晚唐五代时期的宫廷，以经典的戏剧冲突来设置故事情节，五代小国成为叙事的大背景。《夜宴》按照莎士比亚名剧《哈姆雷特》的叙事模式，讲述了宫廷斗争中的权力、阴谋与爱情纠葛。先帝驾崩，太子巡游在外，皇叔篡位。婉后身为太子后母，却与太子青梅竹马，为保全太子，无奈委身皇叔。《满城尽带黄金甲》根据曹禺的话剧《雷雨》设置故事情节，讲述了宫廷内的权力斗争与不伦之恋。大王征战之后大胜回朝，发觉宫廷内部王后、王子、宫女之间的复杂情感纠葛。各方围绕权力、情欲明争暗斗，矛盾爆发，参与者都付出了惨痛的代价。这种有着确定历史感的叙事对于《无极》是一种进步，于是以戏剧冲突来主导叙事，将背景由民间转向宫廷，以大景观来弥补叙事的虚弱，成为景观电影的一种程式与套路。但是，其中的叙事问题依旧阻碍其为观众所接受。整体上看，这种着力于景观展示的影片不以叙事为核心，但为了使影片叙事有所依托，又不得不设定一个与故事中经典冲突相契合的历史语境。这种为景造事、意图先行的创作思路，无异于将西方悲剧或中国现代话剧强行拉进中国历史上的某一时空。影片的叙事与矛盾冲突设置生硬，具有明显的嫁接感，颇有点不伦不类。较之于来

---

① 张颐武：《陈凯歌的命运：想象和跨出中国》，《当代电影》，2006年第1期。

自"荆轲刺秦"的《英雄》，这些影片在叙事上的硬伤显而易见，这也是其不能有所突破的主要原因。

3. 文化景观对叙事意义的深化

中国文化有"微言大义"的表达传统，表层简约的文字往往蕴含着深刻而丰富的内涵。这一倾向贯穿于人们日常生活的方方面面，在视觉表达上也不例外。在中国文化传统中，景观不仅为人带来视觉的愉悦，其背后还隐含着丰富的话语含蕴，这种意义的解读必须联系具体的语境才能得到有效的还原。中国的绘画、建筑、园林等视觉景观的每一处细节往往都深藏着隐秘的意蕴。例如，泰山登山路旁有一块刻着"虫二"的摩崖刻石，杭州西湖湖心亭也有清代乾隆皇帝手书的"虫二"碑刻，这两处景观上的刻字既是装饰，也是对景观意义的暗示。"虫二"刻于无边的碑石之上，隐喻"风月无边"之意。中国传统装饰艺术中经常出现蝙蝠的图案。因为蝙蝠的"蝠"与"福"谐音，这种图案不仅仅是一种装饰，而且意味着幸福。蝙蝠在中国传统装饰艺术中成为幸福的象征，蝙蝠纹样变化丰富，广泛运用于各种建筑装饰。例如，将蝙蝠用于门窗装饰，蝙蝠的飞临寓意"进福"，潜在话语是人们希望幸福像蝙蝠那样从天而降；一只蝙蝠飞在眼前，称为"福在眼前"；蝙蝠和马组合意味着"马上得福"；器物上部一圈红色的蝙蝠纹，寓意"洪福齐天"；蝙蝠与桃组合，构成"福寿双全"，等等。这些装饰图案既是构成景观的元素，其隐含的意义也是对景观内涵的深化。

在虚拟景观生产中，构成景观的传统文化元素同样有助于叙事内涵的深化。在电影界，摄影师出身的张艺谋以制造炫目的奇观著称，其敏锐的视觉洞察力与丰富的表现力在电影画面的色彩中得到了集中体现。从早期的《红高粱》到《归来》，张艺谋电影中对红色意象的运用，恰到好处地发挥了文化意象在景观生产中的叙事功能。红色在中国文化中具有丰富的内涵。对传统的、民间的中国来说，红色具有喜庆、吉祥的喻义，人们在春节要贴红色的春联，社会交往中会互相赠送红包，年轻人的婚礼会用红色装点。对现代的、官方的中国来说，红色是中国现当代文化的主导色。红色中国、红色经典、五星红旗、红领巾……红色成为现代中国的象征。中国文化中红色内涵的丰富多彩，使其成为张艺谋电影中经常出现的色彩意象。在早期的《红高粱》中，红色作为电影的底色，象征着热烈的爱情与涌动的生命力。阳光下狂舞的高粱地积蓄着原始生命的能量，喻示着生命、自由与活力，充满生命力的男女行走于无边无际、汹涌起伏的高粱地，构成了一幅极具冲击力和表现力的视觉奇观。红高梁、红盖头、红轿子、红鞋子、红窗花、血红的高粱酒、红彤彤的炉火,日食时的红色世界……影片对红色意象的表情、表意功能的凸显,既满足了观众对原生态的东方民俗奇观的视觉愉悦和窥视欲望,又丰富了景观的内涵。红高粱意象是特定历史时期普通民众生存状态与精神世界的隐喻,从高粱地"野合",到日食的血红世界,红色的核心意象贯穿着故事的发展。张艺谋恰当地使用了"以景喻情"的手法,以简洁、含蓄、写意式的书写,完成了奇观的创造。

在另一部影片《大红灯笼高高挂》中,张艺谋将红色的灯笼作为核心意象,组织影片的叙事。该影片改编自苏童的小说《妻妾成群》,主要讲述主人公颂莲与陈家三位太太尔虞我诈、钩心斗角的故事。与张艺谋惯用的大手笔相比,这个故事堪称微观的小叙事,这种小叙事同样显示出导演对剧本的叙事能力。对故事的改编选取"大红灯笼"的意象来统摄影片的全局,使影片叙事在细微处展现出宏观的脉络。在中国传统文化中,挂红灯笼是一种民俗,通常在节日时人们才会挂上红灯笼。在影片中,导演将这一民俗与陈家大院里的特殊风俗进行了对接,挂红灯笼成为老爷幸临的标志。于是,这种风俗成为陈家大院里女人们命运的隐喻,无论如何争夺,她们的命运只不过是在"挂灯、封灯"的仪式间轮回。影片以不同色彩的反复出现来呼应故事情节的发展,牵动观众的情绪起伏。红色的灯笼成为一种蕴含着多重意义的能指:幸临与冷落、喜庆与感伤、胜利与失败。在幽暗的大院中其所指变得暧昧而昏暗,为阴森的环境氛围增添了一重复杂的情色意味。红色意象在张艺谋的影片中是一道靓丽的景观,也是意义表达不可或缺的文化元素。

综上所述,传统文化意象的深厚文化内涵使其在参与视觉形象的建构与呈现的同时,也致力于意义的表达。因此,利用传统文化意象作为元素进行景观生产,能够有效地弥合景观与叙事的分裂,使景观生产的意义向度得以深化与拓展。

第四节　意义接受的场景化

体验经济是继产品经济、服务经济之后出现的一种经济形态。消费社会使体验连接生产与消费,成为拉动经济发展的重要需求。在这种背景下,以奇观化的景观展示为基础,创新体验场景,吸引消费者深度参与,成为文化生产的重要路径。文化消费也是意义交流活动,场景是以活动为中心的交流场域。消费者作为体验者与解释者的双重身份,使意义的接受更加主动、直观、多元和开放。中国传统文化意象能够充分发挥其文化信息承载优势，参与各种场景的打造，创造性地融入当代生活，在实现经济效益的同时，促进传统文化的传承与传播。本节从场景的概念出发，分析场景的特征与价值，探讨场景的建构与场景化的方式。

一、场景源流与场景的概念

（一）中西方文化中场景的内涵

1. 场景的中国文化源头

"场"在古代汉语中有三个义项。第一，场地。包括平整的场地，如"九月筑场圃""十月涤场"（《诗·豳风·七月》），和祭神的场地，如"能知四时牺牲，坛场上下，氏姓所出者，以为宗。"（《汉书·郊祀志》上）。场地与特定的物理空间相关，强调"场"的在地性。第二，指多数人聚集的处所，如科场、校场、战场等，也泛指某种领域。如"遥集乎文雅之囿，翱翔乎礼乐之场"（汉·扬雄《剧秦美新》）。这里的"场"突出超越具体地理空间的人类社会活动，后来逐渐具备了抽象意义，如"岂以名利之场，贤于清旷之域耶？"（南朝·谢灵运《游名山志序》）。第三，一件事起讫的时间，如"千场纵博家仍富，几处报雠身不死"（唐·高适《高常侍集五邯郸少年行诗》）、"倚柱寻思倍惆怅，一场春梦不分明"（唐·张泌《寄人诗》之二）。这里的"场"是对一段时间的命名，故事起始为开场，结束称收场。汉语中的量词"场"即来源于这个义项。上述义项中的场地、处所可以进一步抽象为空间，加上人类不同类型的社会活动以及时间的向度，"场"就成为一个时空综合、主客体交融的立体范畴。再加上强调主体视觉感知的景，场景的维度变得更加多元。

2. 西方文化中的场景

英文中常用 context、situation、scenes 来指代场景，但侧重点各不相同。美国记者罗伯特·斯考伯等以"Age of Context"为题，描绘了大数据、移动设备、社交媒体、传感器、定位系统等技术建构的场景时代。[1] 其中，context 的字面义是上下文、语境，衍生为场景，更广的层面则体现为特定地域文化传

---

[1] ［美］罗伯特·斯考伯、谢尔·伊斯雷尔：《即将到来的场景时代》，赵乾坤、周宝曜译，北京联合出版公司，2014年，第11页。

承的文脉。situation 的本义为情况、形势、突发情况,其词根为动词 sit（坐、坐下）、situated（位于、处于某种境遇），引申为场景，其强调的是主体的视角，即主体所处的情境。scenes 由 skene 演化而来，skene 是指古希腊剧场乐池后面带三个入口的排柱式结构，后来演化为 scenes（场景）。场景与观看相关，也用来指戏剧、影视、文学作品里的场面，还有风景、景色的义项。context 强调场景的范围，situation 强调主体的处境体验，scenes 则突出主客体之间的视觉关联。西方文化中的场景内涵指向空间、主体、活动三个向度。

（二）场景的现代意义

古代汉语所代表的中国传统话语体系强调了场景的时空综合属性，西方话语体系中的场景强调了主客体之间的关系。场景中的主体、意义、媒介等属性在现代社会学、传播学等相关研究领域得到了进一步阐释，进而衍生出关于场景的各种理论与实践应用。

1. 场景与在场

"场"是特定的空间，正是这个空间构成了主体所在的环境、事件/活动，在这个环境或事件/活动中也包括其他人。对于主体来说，在时间上是直接的当时，在空间上是直接的当地，此时此地正在发生，主体能够现场体验。这个空间处于主体的感官、感觉或影响之内，也就是主体在现场并面向事件/活动本身。"在场"是主体在现场与"场"发生了关系。它是显现的存在，是直接呈现在面前的人和事，与之相对的是缺席（absence）的、不在场的。在场意味着全方位的视听体验、交流互动，以及"现场感"的参与价值。

2. 场景与传播媒介

场景是一个主客交融的多维立体空间，意义的生产与传播是场景的主题与存在的终极价值，意义的传播依赖于媒介。传播学者约书亚·梅罗维茨在《消失的地域：电子媒介对社会行为的影响》中将"媒介理论"与"场景理论"整合，提出了"媒介场景理论"。这一理论对媒介的关注，使场景能够超越物理的实体空间，通过由电子媒介构成的信息网络，建构起虚拟的社会场景。这种超越物理空间的虚拟社会场景既具有传统的人际组织交往功能，又具备超越空间的即时性与便捷性，在当代社会具有独特的价值。

3. 场景与城市空间

将场景引入社会生活空间研究的是芝加哥学派的场景理论，这一学派从消费实践来研究场景，认为场景是由各种消费实践所形成的具有符号意义的空间。它不仅仅是物理的空间，同时还蕴含着丰富的价值取向。各种都市消费娱乐设施组合形成的特定场景，彰显了不同的文化价值取向。这种文化价值取向吸引着不同群体前来居住、生活和工作，从而驱动区域经济的发展。

（三）场景的概念及其构成

1. 场景的概念

戈夫曼、罗格·巴克、劳伦斯·佩尔温都对场景做过界定。戈夫曼将行为区域描述为"任何在某种程度上感觉受到屏障限制的地方"。罗格·巴克认为"行为场地"是"有界的、临时的、有形场所"。劳伦斯·佩尔温认为场景是"一个特定的地方，在大多数情况下包括特定的人，特定的时间和特定的活动"①。上述场景定义的共性在于对场景的空间边界和时间边界的确立，而能够感受到时空边界的是其中活动的主体。尽管不同视角对场景的理解各不相同，但其中的共性则反映了场景的内在规定性。因此，场景是预设了特定主体活动的空间。

2. 场景的构成

活动与空间是场景的构成要件。场景是承载人类活动的空间载体，人类活动在时间中展开，增加了场景的维度。作为空间概念的景观与有目的的人类活动为场景赋予了丰富的文化内涵。不同的文化要素与活动主题决定了场景的性质，形成各种场景类型，如娱乐场景、消费场景、宗教场景等。因此，场景是因特定主体活动而存在的时空综合体，其构成要素包括具有特定主题的活动以及承载活动的文化空间。主题是场景的决定因素，以视觉形式呈现的文化景观与预设的活动共同建构起场景的主题，形成一个意义生成的开放结构。中国传统的神话传说、历史人物、音乐、绘画、文学作品、器物、技艺、天象、地理空间、色彩、观念等文化意象，都是构成文化景观的要素，也是场景

---

① [美] 约书亚·梅罗维茨：《消失的地域：电子媒介对社会行为的影响》，肖志军译，清华大学出版社，2002年，第31~32页。

生产的重要资源。

二、场景的特征与价值

(一) 场景的特征

1. 场景的时空综合性

空间是场景的本质属性。活动是场景存在的前提，这种空间是承载特定活动的载体，没有主体活动就没有场景。从主客体关系来看，场景与景观通过"景"相连，以视觉形态的展示将主体与客观存在连接起来，主客体间的关系体现了场景和景观内在的一致性，即二者体现的都是外部世界与认知主体之间的关系。从存在属性来看，场景与空间都具有空间属性，这里的空间既包括物理的实体空间，也包括数字技术建构的虚拟空间。但在时间中展开的活动赋予了场景不同于景观的时空综合性。

2. 场景的主体性

场景的主体性即主题性，主要表现在场景对于主体的预设。场景是人类活动的载体，人类活动根据目的可以分为不同的类型，场景的时空边界决定了它对活动主题的选择，进而也决定了场景的活动主体。因此，场景是为特定的活动主体设立的。场景生产者往往非常了解主体的社会、历史、文化背景，以及兴趣、需求、偏好等特征。例如，特定的消费场景总是针对特定的目标群体有目的地打造的。景观生产尽管也能够体现明确的目的性，但对于接受者的接受仅限于视觉的层面，缺乏深入的引导与控制。

3. 场景的交互性

场景在空间的维度之外引入了人类活动这一时间维度，强调外部世界对于认知主体的即时的、可感的、全方位的吸纳与接收，在此基础上达成的主客体相互交融的境界。显然，场景比景观更加立体、多元，它在视觉之外又增加了听觉、触觉等多重维度，使主客体之间的关系由单一的客体展示变成主客体之间的融合与互动。通过听觉、触觉等多重刺激，为主体带来全方位的融入感，英文的"live"生动地诠释了场景的内涵。场景和景观都是意义传达的载体，但景观的传达仅限于视觉媒介，而场景不仅意义传达媒介是多元的，意义交流活动也是双向的、即时的。

（二）场景的价值

1. 场景的体验价值

从经济学的角度来看，体验作为人类的心理需求，对其满足便形成了生产与交换关系。美国学者约瑟夫·派恩、詹姆斯·H. 吉尔摩认为，体验是人们用一种从本质上来说非常个人化的方式来度过一段时间，并从中得到一系列的记忆。体验是主体的个性化需求，在商品经济时代，这种需求为企业生产带来了商机。从供给的角度看，体验是"企业以服务为舞台，以商品为道具，围绕着消费者，创造出值得消费者回忆的活动"[①]。这是一种开放式的互动经济模式，这种经济模式下的商业活动更注重为消费者带来独特的体验过程，以满足消费者的情感需要和自我实现为主要目标。场景是体验产生的空间，场景的主题、意义、景观、氛围、视听效果等引发了主体的心理、情感、认知、审美、逃避等不同层面的体验，也决定着场景的消费价值。体验价值是经济价值产生的基础。

2. 场景的经济价值

（1）沉浸产业

沉浸产业的快速发展充分体现了场景的经济价值。沉浸产业是为消费者提供沉浸体验的产业，沉浸体验是积极心理学研究的重要内容，又称心流理论，即"一个人完全沉浸在某种活动当中，无视其他事物存在的状态。这种体验本身带来莫大的喜悦，使人愿意付出巨大的代价"[②]。挑战与技能是影响体验的主要因素：当挑战超过个体技能，会产生压力与焦虑；当技能高于挑战，则会导致厌倦；只有当技能与挑战平衡时，才会产生沉浸体验。这种积极的心理体验对个体的行为会产生正向的引导，即使没有外部刺激，也会通过重复行为来维持沉浸状态。沉浸体验是对有限的注意力资源的高效运用，对个体活动具有积极价值，因而被广泛应用于教育、医疗健康、艺术设计、市场营销、娱乐消费、新媒体传播、数字技术与虚拟现实等不同领域。

[①] [美] 约瑟夫·派恩、詹姆斯·H. 吉尔摩：《体验经济》，毕崇毅译，机械工业出版社，2012年，第13页。

[②] [美] 米哈里·契克森米哈赖：《心流：最优体验心理学》，张定绮译，中信出版社，2017年，第67页。

(2) 场景与沉浸产业

场景是沉浸体验活动的空间，沉浸式场景生产是沉浸产业的主体，也是体验经济时代场景研究的核心。场景的文化属性、体验对精神需求的满足、场景生产对文化创意的依赖，使沉浸产业与文化产业有着天然的联系。沉浸产业以构建沉浸体验为核心，通过现场感、交互性、情感与想象力的激发，推动主题乐园、剧场演艺、文化旅游、艺术展览、影视娱乐、电竞游戏等行业的迅速发展。随着科技进步的加速，新兴技术不断被用于场景生产，从全息投影、人机交互、虚拟现实、增强现实、混合现实到扩展现实，沉浸技术赋能场景生产，为沉浸产业拓展了广阔的发展空间。

3. 场景的文化价值

(1) 场景与文化传承

从社会文化的角度看，人类的社会生活由无数个场景构成，社会场景构成了主体的生活、生产、消费环境，不同的社会场景有着不同的运行规则，其中的活动主体则扮演着不同的角色。以不同群体为主角的众多场景构成了人类纷繁的文化。随着社会生活变迁速度的加快，特定社会历史时期的生活场景与当代生活渐行渐远。面对社会的快速发展，如何保留曾经的生活空间，是当代城市更新与乡村发展面临的重要问题。场景的时空综合属性使其在文化传承上独具优势。

由于引入了时间的向度，场景中的活动往往会形成特定的时空序列程式，这种特定程式也是意义表达的载体，承载着特定文化的基因。一些具有文化内涵的活动，如宗教仪式、社会生活习俗、节庆活动等，往往通过程式化的仪式实现价值观、信仰等精神层面的继承与弘扬。构成场景的文化意象是立体的、多维的，它既体现了时间向度的历史传承，也推动着空间向度的文化整体性还原。场景时间始于当下，召唤着主体的参与，具有面向未来的开放性。文化意象中凝聚的则是过去的时间。这种时间上的错位与差异，使二者能够在当下经由主体的活动实现对接，进而生发出丰富的认知、审美体验。在现代社会快速变化与人口流动加速的背景下，无处依附的文化传统往往通过场景化的活动得以延续传承。特定场景中的程式化活动也成为当代社会规范日常生活秩序、建构群体认同的重要方式。

(2) 场景与意义表达

场景不仅是物理空间，也是由各种象征符号建构的，承载不同主体社会生活的文化容器。场景与景观都是空间向度的意义载体，景观是静态的、被动的，等待观看者对其内涵进行解读。场景在景观之中增加了人类活动，以人类活动为主体的场景使其在意义表达方面更加高效。场景对主体与主题的关注，为叙事设定了框架与脉络，使其有着明确的目的导向，场景的互动性形成了一个面向活动主体的开放结构，召唤着主体的介入，为意义生成赋予了丰富的可能性。场景化的语境赋予主体更多的表意自主性，满足了多元化时代人们对个性化生活方式的追求，为以独异性来标榜个性的亚文化群体提供了表达的空间。

三、场景的设计与生产

（一）场景的设计

场景是意义生产的场域，其存在的目的是阐释意义。无论是商业化的消费场景，还是以认知体验为目的的公共设施、休闲娱乐场景，都必须以意义传达为核心，了解参与体验活动主体的心理需求，选择相关的文化意象，通过主题提炼、氛围营造、活动设置等环节完成场景生产。

场景设计可以分为发现意义、场景解读、概念设计和设计体验四个阶段。[①] 前两个阶段的目标是寻找构建新的"在场意义"的机会点，后两个阶段是通过设计"体验"让"在场意义"转化为具有社会价值、市场价值的创新产品。在发现意义阶段，通过对特定地域的文化资源进行实地调查，对当代社会心理、流行文化、消费潮流和目标群体的需求进行调研，寻找文化资源与当代社会生活的契合点，发掘意义生成的根基。在场景解读阶段，对意义进行提炼，概括出主题，并进行故事衍生与场景解读。在概念设计阶段，立足于前期的研究，寻找适宜的文化资源要素进行故事的场景化设计，对资源要素进行拼贴组合，运用符号学的方法与意象思维，优化表达层与意蕴层的对接。在设计体验阶段，从参与者的视角，以"在场意义"为核心，以时间向度的活动流程为主线，对各环节进行优化整合，以实现场景对意义阐释的丰富性，体现场景表达的独特在场价值。

（二）场景生产

根据场景与实体空间的关系，可以将场景生产分为实体场景生产与虚拟场

---

① 孙炜:《场景体验设计思维》，北京邮电大学出版社，2017年，第100页。

景生产。实体场景生产是指立足于真实的物理空间，依托空间内的相关文化资源进行的场景改造与重构。场景改造主要依托现有的社会生产、生活、消费空间，通过主题植入，强化意义表达，突显日常场景的体验性。例如文化遗产地、具有文化价值的城市与乡村生活社区等。场景重构通常是为了意义表达的需要，在一个全新的空间中对相关文化元素进行拼贴组合，完成场景生产。例如特定主题的展示空间场景打造，景区、街区的消费场景打造，等等。实体场景生产的特色体现在对物理空间的依附，虚拟场景生产则以媒介为基础，实现对实体空间的超越。随着技术的发展，实体空间与虚拟空间相互交融的趋势日益显著，二者的边界也呈现出不断融合的趋势。

1. 实体场景生产

（1）实体场景改造

这种类型的场景生产通常并不改变场景的主要功能，只是将具有历史、文化价值的空间场景和人类的活动有机结合，增强主体的体验性。目前的物质文化遗产场景开发，往往通过叙事性的历史场景再现、情境模拟与互动式体验的有机结合，强调主题事件，营造建筑遗产的历史氛围，以历史建筑和历史空间为载体，复制或还原特定历史时期的民俗和生活故事，使参观者产生回到过去生活场景的错觉，建构起与历史的联系。通过这种方式，建筑遗产作为一个空间载体，为讲述者、参观者提供展示与交流互动的平台，实现特定历史景观与当代人类活动的融合。例如，英国的世界文化遗产布里茨山维多利亚小镇（Blists Hill Victorian Town）将遗产保护和文化旅游有机结合，以1890年至1910年维多利亚时期为背景，讲述故事，再现历史场景。小镇街道以每一幢建筑为节点，将当时居民的日常生活浓缩为一连串场景，身穿维多利亚时期服饰的工作人员与志愿者们展示小镇风情，与游客互动，讲述当地文化。我国的古镇、历史文化街区也采用类似的模式，保存居民的日常生活空间与原生态生活，引入当地的非遗工坊、民俗节庆活动、传统戏曲表演等民间文化，吸引游客参与，将静态的景观展示通过各种活动赋予动态的体验维度。例如，重庆洪崖洞的"重逢1980"生活情境街区以"故城·故事、重庆·重逢"为主题，选择5路电车、坝坝茶、山城照相馆、人民公园旱冰场等最具代表性的市井生活元素，打造老巷场景文化，还原重庆20世纪80年代市井百态，游客沉浸其中，追忆时光，品尝美食，体验互动。类似的还有利用单体建筑遗产打造公共文化空间，通过在固定时段的真人表演等方式来还原生活场景，展示各种民俗，设计体验互动活动，吸引公众参与。

这种场景生产的优势来自其在地资源的文化特色与内涵，场景打造的关键环节在于通过动态的体验活动植入，以空间整合器物、行为、观念各层面的文化资源，吸引居民和游客参与。

（2）实体场景重构

这种类型的场景生产通常是指以意义表达为指向，围绕特定的主题，将相关文化元素进行拼贴重组，进行场景打造。主题是场景体验的核心，消费社会的流行文化为主题的选择提供了导向。例如，旅游业通常会选择影视、动漫、游戏等热点内容进行相关场景打造，吸引消费者。其中的代表性案例是外景地旅游。由于内容的衍生性，这种场景重构可以有多种形式，具有无限的生发性。随着网络文化的发展，内容对于场景建构的影响更加突出。在具体层面则是各种体验式展示空间的建构，这种场景体验以场景的故事性、真实性为基础，主要通过灯光、色彩、景观小品等进行氛围营造，以及对真实场景的还原、互动式活动设计，给受众带来身临其境的真实感受，提高他们的参与感、存在感。

这种类型的场景生产在博物馆行业非常普遍。例如，美国国家海军陆战队博物馆大量还原了真实的战争场景，馆内的装甲车、坦克、飞机等展品栩栩如生。通过多媒体技术和体感技术还原局部战争的场景氛围，使受众仿佛置身于二战时期的战争现场，获得了独特而震撼的场景体验。在博物馆的穿越式互动体验和变装秀等活动中，承载着丰富历史和文化信息的文化意象作为重要的景观符号与体验道具，通过精心设计的活动，提升了参与者的认知体验。例如，荆州博物馆举办的"云梦泽——荆州博物馆藏楚地文物展"，在展出荆楚地域特色精品文物的同时，还为儿童举办了楚地穿越活动。工作人员身着荆楚传统服饰，带领孩子们进行闯关系列互动体验游戏，使孩子们走近楚国，感受千年云梦楚地文化。服装是重要的文化符号，"变装"也是博物馆场景体验的一种。例如，在英国的巴斯服饰博物馆举办的"圣诞变变变"活动中，有设计师精心设计的包括帽子、外套、裙裤、珠宝首饰等在内的全套服饰。参观者可以穿上乔治王朝和维多利亚时期风格的服饰，感受特定时期的时尚文化与审美观念。

场景重构的目标是增强消费体验，实体场景重构是线下剧本杀游戏的构成要件。剧本杀主要靠故事情节吸引玩家，场景是故事发生的空间，其中装饰符号元素的选择、环境氛围的营造都必须与故事主题相契合，例如江湖武侠、仙境古风等。中国风题材是剧本杀的一种重要类型，中国传统文化意象主要以场景、故事、人物等形式出现，如古风武侠题材中的江湖场景与侠客形象等。随着文旅融合的深入，剧本杀正在向相关行业衍生，形成与博物馆、古镇、景区景点融合的形态。如浙江、四川的古镇，将具有地域特色的民居、街巷等传统社会市井生活空间打造为剧本杀的场景，植入相应的故事，酒坊、镖局、衙门、侠客等传统文化意象建构起的江湖空间，吸引着众多玩家。

当然，这种场景生产也离不开技术的支撑。AR技术、声光电结合视觉体感、3D场景互动等高新技术的引入，为场景生产提供了无限的可能性。2021年，敦煌莫高窟推出"飞天专题游"产品，通过虚拟技术向游客展示不对外开放的洞窟壁画。在景区内，游客还能与不同朝代的飞天亲密互动，遇见九色鹿，看到3D大佛等虚拟形象。2023年，"遇见梵高 沉浸光影艺术展"落地上海。展览通过数字多媒体结合声光技术，展出梵高百余幅经典作品，其中星空、向日葵、麦田等经典意象建构起的600平方米沉浸式光影艺术空间，拉近了梵高与当代消费者的距离。

场景重构的关键环节是对主题的选择，以及围绕主题进行的文化意象选择和全方位的沉浸式氛围营造。经典文化意象与恰当的场景氛围渲染能够将受众引入超越现实的"忘我"境界，满足当代人逃避现实的心理需求。

2. 虚拟场景生产

虚拟场景生产是指依托数字信息与网络传播技术进行场景打造，其中又分为在地与在线两种形态：立足山水、自然景观等物质形态资源，通过数字媒体、声、光等技术打造的在地虚拟场景；通过互联网技术将在地的实体场景以在线形式进行展示，或以信息网络技术生产出的虚拟网络场景。

（1）在地虚拟场景

在地虚拟场景生产中，水舞秀较具代表性。它综合利用声、光、电、水等资源，将激光束射入水幕，激光束形成多种图案和颜色，投射到水膜上，形成耀眼的光影效果。例如贵州茅台镇的水舞秀包括水舞声光秀、建筑声光秀。水舞声光秀主要通过喷泉系统、音响系统、投影系统共同完成，带有地域符号的画面伴随着当地民歌小调《阿西里西》，通过激光投射到喷泉的水幕上。建筑声光秀，即外墙秀，通过声、光、电等手段将画面投影到建筑外墙上。这种虚实相生的场景展示了茅台镇的酒文化、红色文化与盐运文化，为观众带来极具震撼力的视听场景体验。

（2）在线虚拟场景

在线虚拟场景生产中最具代表性的是网络游戏。网络游戏最突出的特征是其中的体验性，玩家以角色的逻辑进行行动，其中的角色、皮肤、场景设定都汲取了丰富的传统文化元素。以《王者荣耀》为例，其中的英雄角色80%来自中国传统文化的人物，包括嫦娥、后羿、女娲、东皇太一、太乙真人等取材于中国神话的角色。同时，游戏不断推出中国风皮肤，增强游戏的体验性。例如，引入昆曲元素，推出以《牡丹亭》名段为主题的同名皮肤"游园惊梦"；与敦煌研究院合作，以敦煌壁画中隋唐飞天形象为原型，打造"飞天"皮肤；源自越剧的"梁祝"皮肤；等等。玩家们扮演着刺客、射手、法师、战士等拥有不同技能角色的玩家，带领队伍穿行于血雨腥风的虚拟战争场景，进行团体对战，做着王者荣耀的白日梦。

随着技术的发展，在线虚拟场景生产的运用不断拓展，虚拟旅游时代悄然到来。计算机和虚拟现实系统等建构的虚拟旅游空间成为新体验的生产者。旅游体验的本质是"虚拟真实"，它是对旅游地文化及相关事物在客观真实的基础上，运用"真实的符号"进行一定程度的虚拟，其尺度和标准来自旅游者主观体验的"真实"。虚拟旅游场景的建构立足于旅游者对具体目的地的感知，在确定主题的基础上，进行形象定位，运用各种文化符号将主题"故事化"，挖掘特色文化个性元素，运用灯光和背景音乐等构建出虚拟的"真实空间"。再通过灯光和背景音乐、播放区域时段控制、灯光的色彩强度和变换度等与旅游体验的匹配，营造景区的文化氛围，激发旅游者的想象，增强旅游目的地的在线体验效果。例如，湖南怀化的三锹乡地笋村是"花衣苗"聚居区，拥有民间信仰、故事传说、生活习俗等民族文化资源，以及田园、古井、歌场、古碑刻、油榨坊、石板路、民居等地域特色景观。通过运用虚拟技术整合这些资源建构虚拟旅游场景，以《苗寨风情》《担水歌》《欢天喜地龙头宴》等苗族经典歌舞作为背景音乐，引入有奖对歌、拦门敬酒、合拢围宴、迎亲抢亲、稻田抢鱼、锯木比赛等线上民俗活动，能够营造出极具参与感的情境氛围。① 虚拟旅游场景的开发既传播了当地的文化，满足了旅游者的体验需求，也缓解了旅游活动与生态环境保护之间的冲突。

（三）元宇宙与场景的未来

随着科技的进步，实体场景与虚拟场景融合的趋势日益显著。实体场景生产通过虚拟技术来丰富场景信息和参与者的体验，虚拟场景生产则需要不断从实体场景中获取文化元素来生产内容，同时还需要与现实对接，以增强基于现实的互动体验。这一发展趋势与"元宇宙"（Metaverse）的建构不谋而合。"元宇宙"是利用科技手段进行链接和创造的、与现实世界映射和交互的虚拟

---

① 冯贤贤：《体验古村落旅游的虚拟真实性》，《中国旅游报》，2010年11月1日。

世界，具备新型社会体系的数字生活空间。它基于扩展现实技术提供沉浸式体验，基于数字孪生技术生成现实世界的镜像，基于区块链技术搭建经济体系，将虚拟世界与现实世界在经济系统、社交系统、身份系统上密切融合。"元宇宙"这一基于互联网应用的社会形态体现了虚拟世界与现实世界的交汇融合，体现了技术对人类社会生活的重构。然而，无论技术怎样发展，"元宇宙"的原型仍然来自人类文明不断积淀的生产生活方式、社会交往模式、观念信仰习俗，文化必然是这一生活空间的支撑系统，守护文化、传承经典的文化意象也必然是构成"元宇宙"不可或缺的重要元素。

参考文献

[1] 朱熹. 楚辞集注 [M]. 上海：上海古籍出版社，1979.

[2] 段玉裁. 说文解字注 [M]. 上海：上海古籍出版社，1981.

[3] 朱熹. 四书章句集注 [M]. 北京：中华书局，1983.

[4] 李淑毅，等. 何大复集 [M]. 郑州：中州古籍出版社，1989.

[5] 黄晖. 论衡校释（附刘盼遂集解）[M]. 北京：中华书局，1990.

[6] 谢青云. 神仙传 [M]. 北京：中华书局，1991.

[7] 颜昌峣. 管子校释 [M]. 长沙：岳麓书社，1996.

[8] 十三经注疏 [M]. 上海：上海古籍出版社，1997.

[9] 王先慎，钟哲. 韩非子集解 [M]. 北京：中华书局，1998.

[10] 许维遹. 吕氏春秋集释 [M]. 北京：中华书局，2009.

[11] 谢天振. 译介学 [M]. 上海：上海外语教育出版社，1999.

[12] 吕俊. 跨越文化障碍——巴比塔的重建 [M]. 南京：东南大学出版社，2001.

[13] 王长俊. 景观美学 [M]. 南京：南京师范大学出版社，2002.

[14] 周小仪. 唯美主义与消费文化 [M]. 北京：北京大学出版社，2002.

[15] 胡适. 胡适全集 [M]. 合肥：安徽教育出版社，2003.

[16] 易存国. 中国符号（新编）[M]. 南京：江苏人民出版社，2005.

[17] 王世达，陶亚舒. 中国当代文化理论的多维建构 [M]. 北京：华龄出版社，2007.

[18] 庞朴. 中国文化十一讲 [M]. 北京：中华书局，2008.

[19] 陶东风，和磊. 中国新时期文学30年（1978—2008）[M]. 北京：中国社会科学出版社，2008.

［20］高建平. 全球化与中国艺术［M］. 济南：山东教育出版社，2007.

［21］申丹，王丽亚. 西方叙事学：经典与后经典［M］. 北京：北京大学出版社，2010.

［22］石守谦，廖肇亨. 东亚文化意象之形塑［C］. 台北：允晨文化实业股份有限公司，2011.

［23］党圣元，刘方喜. 消费社会［M］. 北京：中国社会科学出版社，2011.

［24］朱光潜. 西方美学史［M］. 北京：商务印书馆，2011.

［25］潘云鹤. 文化构成［M］. 北京：高等教育出版社，2011.

［26］陆扬. 文化研究导论［M］. 北京：高等教育出版社，2012.

［27］陈志生. 电影诗意语言类型的研究［M］. 北京：中国电影出版社，2012.

［28］赵毅衡. 广义叙述学［M］. 成都：四川大学出版社，2013.

［29］许婧. 中国电视艺术史［M］. 北京：文化艺术出版社，2013.

［30］王寅. 认知语言学教程［M］. 北京：北京大学出版社，2021.

［31］黑格尔. 美学［M］. 朱光潜，译. 北京：商务印书馆，1979.

［32］爱·摩·佛斯特. 小说面面观［M］. 苏炳文，译. 广州：花城出版社，1984.

［33］柏拉图. 理想国［M］. 郭斌和，张竹明，译. 北京：商务印书馆，1986.

［34］维柯. 新科学［M］. 朱光潜，译. 北京：人民文学出版社，1986.

［35］巴拉兹·贝拉. 电影美学［M］. 何力，译. 北京：中国电影出版社，1986.

［36］鲁道夫·阿恩海姆. 视觉思维：审美直觉心理学［M］. 滕守尧，译. 北京：光明日报出版社，1987.

［37］韦恩·布斯. 小说修辞学［M］. 付礼军，译. 南宁：广西人民出版社，1987.

［38］罗伯特·司格勒斯. 符号学与文学［M］. 谭大立，龚见明，译，沈阳：春风文艺出版社，1988.

［39］里蒙-凯南. 叙事虚构作品［M］. 姚锦清，黄虹伟，傅浩，等译. 北京：生活·读书·新知三联书店，1989.

［40］热拉尔·热奈特. 叙事话语 新叙事话语［M］. 王文融，译. 北京：中国社会科学出版社，1990.

［41］罗素. 中国问题［M］. 秦悦，译. 北京：学林出版社，1996.

［42］罗兰·巴特. 神话：大众文化诠释［M］. 许蔷蔷，许绮玲，译. 上海：

上海人民出版社，1999.

[43] 迈克·费瑟斯通. 消费文化与后现代主义[M]. 刘精明, 译. 南京: 译林出版社, 2000.

[44] 约翰·费斯克. 理解大众文化[M]. 王晓珏, 宋伟杰, 译. 北京: 中央编译出版社, 2001.

[45] 格雷马斯. 结构语义学[M]. 蒋梓骅, 译. 天津: 百花文艺出版社, 2001.

[46] 约书亚·梅罗维茨. 消失的地域: 电子媒介对社会行为的影响[M]. 肖志军, 译. 北京: 清华大学出版社, 2002.

[47] 本雅明. 机械复制时代的艺术作品[M]. 王才勇, 译. 北京: 中国城市出版社, 2002.

[48] 安德烈·戈德罗, 弗朗索瓦·若斯特. 什么是电影叙事学[M]. 刘云舟, 译. 北京: 商务印书馆, 2005.

[49] 海登·怀特. 形式的内容: 叙事话语与历史再现[M]. 董立河, 译. 北京: 文津出版社, 2005.

[50] 居伊·德波. 景观社会[M]. 王昭风, 译. 南京: 南京大学出版社, 2006.

[51] 尼古拉斯·米尔佐夫. 视觉文化导论[M]. 倪伟, 译. 南京: 江苏人民出版社, 2006.

[52] 艾米娅·利布里奇, 里弗卡·图沃-玛沙奇, 塔玛·奇尔波. 叙事研究: 阅读、分析和诠释[M]. 王红艳, 译. 重庆: 重庆大学出版社, 2008.

[53] 顾彬. 二十世纪中国文学史[M]. 范劲, 等译. 上海: 华东师范大学出版社, 2008.

[54] 罗兰·巴尔特. 符号学原理[M]. 李幼蒸, 译. 北京: 中国人民大学出版社, 2008.

[55] 约翰·尤瑞. 游客凝视[M]. 杨慧, 等译. 桂林: 广西师范大学出版社, 2009.

[56] 格雷马斯. 论意义: 符号学论文集[M]. 吴泓缈, 冯学俊, 译. 天津: 百花文艺出版社, 2011.

[57] 戴维·思罗斯比. 经济学与文化[M]. 王志标, 张峥嵘, 译. 北京: 中国人民大学出版社, 2011.

[58] 海登·怀特. 话语的转义——文化批评文集[M]. 董立河, 译. 郑州: 大象出版社, 2011.

[59] B. 约瑟夫·派恩, 詹姆斯·H. 吉尔摩. 体验经济 [M]. 毕崇毅, 译. 北京: 机械工业出版社, 2012.

[60] 东浩纪. 动物化的后现代: 御宅族如何影响日本社会 [M]. 褚炫初, 译. 台北: 大鸿艺术股份有限公司, 2012.

[61] 罗伯特·斯考伯, 谢尔·伊斯雷尔. 即将到来的场景时代: 移动、传感、数据和未来隐私 [M]. 赵乾坤, 周宝曜, 译. 北京: 北京联合出版公司, 2014.

[62] 米哈里·契克森米哈赖. 心流: 最优体验心理学 [M]. 张定绮, 译. 北京: 中信出版社, 2017.

[63] Lévi-Strauss. Structural anthropology [M]. New York: Basic Books, 1963.

[64] Henry Kissinger. Years of upheaval [M]. New York: Little, Brown and Company, 1982.

[65] Paul Ricoeur. Time and narrative Vol. 3 [M]. Chicago: University of Chicago Press, 1988.

[66] Jerome S Bruner. The culture of education [M]. Cambridge: Harvard University Press, 1996.

[67] Matthew Potteiger, Jamie Purinton. Landscape narratives: design practices for telling stories [M]. New York: John Wiley & Sons Inc, 1998.

[68] Claude Bremond. Le message narritif [J]. Communications, 1964, 4 (1): 4−32.

[69] Denis-Constant Martin. The choice of identity [J]. Social Identities, 1995, 1 (1): 5−20.

[70] Samuel S Brodbelt. Implications of dominant cultural images on the United States [J]. The Social Studies, 1964, 55 (4): 132−136.

后　记

本书是在我的博士后研究工作报告《中国传统文化意象与当代文化产业的发展》的基础上修改而成的。回顾博士后至今的十余年经历，感慨万端。

2012年至2015年，我在四川大学中国语言文学博士后流动站从事博士后课题研究工作。开题与出站答辩时，专家们关于传统文化资源与文化产业之间关系的争论让我困惑。面对专家列举的诸多传统文化濒危、商业化打造的伪文化泛滥等案例，"传统文化为什么要转化"的诘问，我无以为对。岁月匆匆，转眼已十余年。在这期间，中国文化产业的快速发展、国家对传统文化创新与传承的关注，而我自己对这一问题的不断反思，以及在国外访学时从异域视角对中国传统文化的反观，都为我的困惑找到了答案，也为后续的研究提供了动力。

十年辛苦不寻常。回顾博士后以来的工作学习，最大的遗憾莫过于只顾低头行走，却忘了沿途的风景。这一程有辛酸坎坷，也有收获的充实与愉悦；有独行的窘迫，也有温暖与感动。在回首的一刻，唯有师长的教诲，领导、同事、亲友的支持让我铭记于心，为我的前行注入动力！

感谢导师曹顺庆教授对本项研究从选题立意到细节架构的精心指导。博士后期间能够走入先生门下是我人生最大的荣幸，先生的高瞻远瞩为本项研究指明了方向，先生治学的严谨缜密为我树立了典范。课堂上聆听先生的谆谆教诲，跟随先生研读古代典籍，成为我求学生涯中最难忘的美好回忆。同时，感谢我的博士导师古风教授的关心、支持与帮助！感谢成都大学领导与同事们的关心、支持与帮助！感谢家人对我的全力支持！

由于本人学识所限，本书的疏漏与不足之处恳请方家批评指正！

尹　泓

乙巳年夏日于蓉城